佐藤 優 直伝！

最強の働き方

・令和時代の生存戦略

MASARU Sato

もはや自助努力で解決できないくらい事態は深刻だ。

人は働かなくては生きていくことができない。資本主義社会においては、巨額の資産（土地、株式など）を持って、地代や配当だけで生活するのに十分な不労所得を得ている人を除いては、労働能力を持つすべての人が働いている。20年くらい前までは、かつてのバブル経済のような好景気が来ることはないが、真面目に働いていれば、現在の生活も、将来の展望もなんとかなるという見通しが立ったが、令和になった現在の状況はそう甘くない。まず、現状について、特に日本社会の矛盾が集中している非正規労働者が置かれている状況を見てみよう。

〈全都道府県で1倍超の有効求人倍率、高い大卒の就職率、歴史的な低失業率――。安倍政権は「アベノミクスの成果」として雇用の指標をよく語ります。でも、非正規雇用が10人に4人にまで増え、そのほとんどの年収が200万円に満たないことはあまり触れられません。（中略）

総務省の2017年調査では、非正社員の75％は年収200万円未満。「働いても働いても生活が豊かにならない」、いわゆるワーキングプアに当てはまる。女性だけだと比率は83％に達する。

政権も「官製春闘」で企業に賃上げを促し、最低賃金の全国平均は6年間で125円上がったが、賃金が低い非正社員の伸びが正社員の伸びを大きく上回っているため、働き手の平均給与額は伸び悩んだままだ。アベノミクスの「3本の矢」表明から6年が過ぎても、消費が上向かない一因がここにある。

氷河期世代に象徴される非正規雇用が増え続けるのは、企業が人件費を抑えようと正社員よりもパートやアルバイトを雇ってきたことがある。加えて、1990年代後半以降、自民党政権が企業の求めに応じて派遣労働などの規制緩和を進めたことも背景にある。

平均賃金を上昇させるには、際限なく増え続ける非正規雇用に歯止めをかけることが欠かせない。それには過去の規制緩和を冷静に検証し、企業や経営者がいやがる改革にも踏み込む覚悟が問われるが、目先の看板施策にこだわる今の政権にそうした機運は乏しい。直近では、最低賃金の大幅な引き上げを求める政府内の声が、企業側の強い反対でかき消された。

この先、多くの外国人労働者が「特定技能」の資格で入ってくると、平均賃金はさらに伸び悩む恐れがある。少子高齢化が進むなか、政府は70歳まで働ける場を確保することを企業の努力義務とする方針だ。だが、いまのところ、高齢者が豊富な知識や熟練した技能を提供できたとしても、それに見合った報酬を受け取れるかはわからない〉（２０１９年6月18日「朝日新聞」朝刊）。

この記事を読むと、「最低賃金を大幅に上昇させる政策を政府が取ればいいではないか」という印象を持つ読者も出てくると思うが、自体はそう単純でない。野党の立憲民主党が主張するように最低賃金を時給１３００円に引き上げたとしよう。生産効率性のよくない企業は、賃金の上昇に耐えられずに倒産する。特に経営体力の弱い中小零細企業が倒産する。その結果、失業者があふれる。市場原理を無視した賃金上昇政策は、経済的強者だけが生き残る新自由主義的再編をもたらす。

さらに、我々の将来はどうなるのであろうか。年金制度についても衝撃的な出来事があった。２０１９年6月11日の閣議後の記者会見で麻生太郎金融担当相は〈老後の生活費が2千万円必要だと明記した金融庁の報告書について、「正式な報告書としては受け取らない」と述べ、受理しない考えを明らかにした。麻生氏は理由を「政府の政策スタンスと異なる」と説明したが、野党から猛反発を受け、参院選を前に争点化するのを避ける狙いだ〉（6月11日「朝日新聞デジタル」）。この報告書「高齢社会における資産形成・管理」は、首相の諮問機関である金融審議会がまとめ、6月3日に金融庁が発表したのだ。

〈金融審議会の総会を経て麻生氏に提出される予定だったが、事実上の撤回に追い込まれた。審議会の報告書が受理されないのは異例の事態だ。報告書は長寿化に備えて蓄えである「資産寿命」を延ばすことを呼びかける内容だったが、年金収入のみの無職の高齢夫婦について「（老後の）毎月の赤字額は約5万円」などと明記し、20〜30年生きるには１３００万〜２千万円の蓄えが必要と呼びかけていた。

この表現について、安倍晋三首相は10日の参院決算委員会で、「国民に誤解や不安を広げた」と述べ、不適切だったことを認めていた〉（前掲「朝日新聞デジタル」）

65歳で年金生活に入る時点で2000万円の貯蓄を持っている世帯はほとんどないと思う。このような報告書を政府が出せば、国民の間に不安や動揺が広がることは当然、予測できたはずだ。一旦、公表した報告書を「正式な報告書としては受け取らない」という対応で、事態の収拾を図ろうとする麻生太郎氏の手法は姑息だ。7月に予定されている参議院議員選挙に与える影響を考えて、「報告書を受け取らずに、なかったことにする」という選択をしたのであろう。こういうことをしていると国民の政府に対する不信と不満は一層高まる。しかし、それが政権批判に直結しない。野党の姿勢もあまりに不誠実だからだ。

本件を政争の具として攻撃する野党の姿勢に国民は共鳴しない。なぜなら、現在の年金制度の基本は、民主党政権時代に自民党と公明党の合意を得た社会保障と税の一体改革で決められたものだからだ。制度設計を行った事実に対する責任感が野党には欠如している。重要なのは、客観的に見て、われわれの老後がどのようになるかという見通しだ。あるシンクタンクは、年金の未来についてこう予測している。

〈ニッセイ基礎研究所は、サラリーマンと専業主婦の２人世帯で老後に自由に使える収入が公的年金のみのケースを想定して試算した。

65歳で退職して年金を受給し、生涯で資産がなくなるリスクがほぼない前提での試算。現役時代と同じ生活水準を保とうとすれば、年収３００万円未満の世帯で１８００万円、１２００万円以上の世帯で７７００万円など、年収が増えるごとに必要額も大きく膨らむ〉（６月11日「朝日新聞デジタル」）。

他のシンクタンクのデータでも１５００万円以上が必要になる。もはや自助努力で解決できないくらい事態は深刻になっている。金融庁報告書を感情的に非難するのではなく、大幅な消費増税も視野に入れた、高負担・高福祉に年金を含む社会保障の構造を転換するシナリオも検討すべきだと思う。

本書の目的は、我々一人ひとりを取り巻く働き方をめぐる問題を現実的にとらえ、解決の方策を見出す視座を育成することだ。

目次

CONTENTS

第2章 職業の選択を間違えてはいけない

目次
CONTENTS

第3章 リスクは誰にでも襲いかかる

第4章 会社を辞めてはいけない

目次
CONTENTS

第5章 仕事だけしていたら孤独が待っている

第6章 仕事の目的は休むことだ

本書は朝日カルチャーセンター新宿教室で行われた講座「佐藤優直伝　最強の働き方」（２０１８年２〜７月）をもとに再構成・加筆したものです。

第1章

働き過ぎてはいけない

「やりがい」であるとか、
「生きがい」だとか、
「働きがい」だとか、
いろんなエサをぶらさげることによって、
その結果、資本は価値増殖をしている。
これが資本主義の内在的論理。
資本家の良心なんだよね。

正社員の賃金を契約社員に近づけて、比較的低賃金のまんまで、一生使い切る。

安倍晋三首相が考えている働き方改革っていうのは、関連8法案で、労働法制を根本的に変えていくっていうことです。まず1番目は、残業の上限規制っていうことをやっている。これは**カール・マルクス**の『資本論』を読んでいればわかるんだけれども、残業を極端に多くすると、人間は死んでしまう。そうすると資本主義システムが再生産（家族を持って、子どもを育てて、教育を受けさせて、次世代の労働者にしていく）できないから、システムを守るためにやっているんで、必ずしも人道的にやっているのではない。

2番目は、高度プロフェッショナル制度。アナリスト、コンサルタント、ディーラー、研究開発の人とか、年収1075万

カール・マルクス

1818年5月5日、プロイセン、トリーア生まれ。ユダヤ人家庭で育つ。大学卒業後、教授職を探すものの断念、『ライン新聞』のジャーナリスト、編集者になる。1843年、言論弾圧の中で同紙は廃刊。同年、貴族の娘イェニー・フォン・ヴェストファーレンと結婚。マルクスはまともに自分で働いたことがない。マルクスの収入源は、時々新聞や雑誌に寄稿したときの原稿料と奥さんの持参金。そして盟友エンゲルスの支援だった。1883年3月14日死去。

円以上の人は、残業代がないよ、ということです。

3番目は、裁量労働制。これは数字の偽装問題で今期は見送るっていうことなんだけれども、みなし労働だよね。一定時間に労働をしたとみなすという考え方で、これも**『資本論』**の中に〝個数賃金〟と〝時間賃金〟というのが出てくるけれど、個数賃金というのは時間賃金に置き替えることができるので、結局は同じことなのです。ただしどれだけの成果をあげましたかっていう個数で払っていくということにすると労働者間の競争を煽ることができる。これができたら払うっていうのは、最終的には労働時間で集約されてくるんだけれども……。

さらに4番目は、同一労働同一賃金でしょ。これで男女間の賃金格差をなくすっていうことで、安倍政権はそれを受け入れるっていうことなんだけれども、それは、同一企業内の正社員と契約社員を同じにするっていうことだよね。狙いは何かっていうと、正社員が大多数の今までの日本の企業っていうのは、

『資本論』
カール・マルクス（1818-1883）の主著で、経済学の古典。存命中に全巻の刊行には至らなかったものの、死後、エンゲルスの尽力によって刊行された。『岩波文庫版（向坂逸郎訳）、国民文庫版（岡崎次郎訳）などがある。

労働や仕事に基づく賃金じゃなくて、年功序列制だよね。これを不合理だという考え方に基づいて、正社員の賃金の切り下げをすることだ。

年功序列制だと若い頃は賃金が安いんだけれども、お金がちょうど必要になるとき、子どもの教育であるとか、あるいはそろそろリタイアだから、お金を準備しないといけないっていうときには、必要なお金があるっていうシステムになっているのだけれど、それを変える。正社員の賃金を**契約社員**に近づけることによって、比較的低賃金のまんまで、一生使い切るっていう、こういう発想に基づいています。

それから、雇用対策法を含む、労働施策の総合的改革っていっているんだけれども、雇用関係によらない労働があるわけですよ。それは自分自身が個人事業主だという考え方。業務委託ってそうだよね。それだから請負契約をということにすれば、会社は、社会保険料を払わなくていいよね。雇用保険も払わな

契約社員

期限を決めて、勤務条件をあらかじめ合意した上で働く社員。もし期間内に、企業が社員を解雇するときは正社員同様制約があり、社員もやむを得ない事情がない限り契約期間を遵守する必要がある。2013年4月からの改正労働契約法で、社員が繰り返し契約更新を行い、契約期間が合計5年を超えた場合は無期労働契約に切り替えることができるようになった。

くていいし、健康保険も払わなくていい。そういう部分が、会社は節約できるわけです。

こういうことだから、基本的にこれは、**資本家**（経営者）のためになる契約なんです。この改革は、まさに、資本家の利益に合致したかたちでの、労働の再編なんだよね。

我々が売っているのは、労働力。労働は、売ることができない!?

我々は、労働市場の中で単なる需要と供給とを考えて、そこで販売されているものを労働と考えてしまいがちだけれど、労働は人間の属性であるから、これは売ることはできない。労働じゃなくて、我々が売っているのは、労働力。労働をすることができる能力です。

だから労働力を売るっていうと、8時間この企業で働きます

資本家
市場に資本を投じて、労働者を雇い、生産活動や売買活動を行って利潤を得る人。労働力商品を購入した以上は、その労働力、すなわち労働者をどのように使おうと、資本家の自由だ。

っていうことになると、たとえばそこで命じられるのは、事務作業かもしれないし、あるいは営業かもしれないし、あるいは倉庫の管理かもしれないし、いろんなことがあるわけだよね。

しかし、**服務規程**によって、いわれたことは、その8時間は、やらないといけない。でもそこで売っているのは労働じゃないわけ。労働力なんだ。

賃金には、次世代の労働者を再生産するお金も含まれている。

労働力っていうものには、価値と使用価値がある。マルクスの『資本論』の根本っていうのは、すべての商品には、価値と使用価値があると考えるところにあります。

本だったら読むことができるっていうのが使用価値でしょ。840円プラス税って書いてあったら、それが価値でしょ。牛

服務規程
就労者が業務規則に従う義務を定めたもの。会社の秩序を乱すことなく働くための決まりごとが記されている。就業規則の一部になっている場合も多い。

丼を食べるんだったら、380円っていうのが、価値だよね。それに対して、牛丼食べてお腹一杯にふくれるっていうのが、使用価値だよね。

労働力の使用価値っていうのは、労働です。労働力の価値っていうのは、賃金です。賃金は、その労働者が、1カ月の間に食べて、寝るための、あとは雨風をしのぐための家を借りて、服を着て、ちょっとしたレジャーをして、もう1カ月働けるようになる、これが主要なものね。ただこれだけじゃ、賃金にならない。どうして？　労働者が1世代で滅びちゃうから。だから、家族を持って、子どもを育てて、教育を受けさせて、次世代の労働者にしていくっていうことが賃金に入る。それだから、育児、家事、介護なども、労働といえる。ただし、価値はつくり出さない。しかしこれらの仕事も、労働力っていう商品を再生産するために、不可欠だから。

労働契約をすると必ず〝搾取〟が入ってくる。これは合法。

労働力商品って不思議なんだ。資本はつくることができない。労働力を増やそうと思ってもつくれない。人間がつくり出す価値だから。人間自身を売っ払っちゃっていいんだったら、奴隷制になる。労働者は契約している時間で職務の範囲内しか、資本家のいうことを聞く必要はない。そこは公正に行われているから、自由で平等な関係で契約をしているわけです。

それなんだけれども、たとえば労働者を時給1000円で誰かが雇おうとするならば、その企業は絶対に1000円より儲かっているよ。その儲かっている差っていうのが、剰余価値。資本家の側から見るならば、〝利潤〟で、労働者から見るなら、〝搾取〟です。**資本主義社会**において〝搾取〟は合法なんです。

資本主義社会

資本家は商品やサービスをつくり出し、それらを売って利益を増大させていく。多くの労働者は、生産手段（工場、土地、機械など）を持たないので、労働力を提供して、資本家から賃金をもらう。資本主義社会が持続するためには、圧倒的多数である労働者の商品購入が前提となる。

合意の者との中で労働契約をすると必ず〝搾取〟が入ってくる。

でも日常的に中間搾取の禁止とかいってるでしょ、ピンハネとか。これは〝搾取〟じゃなくってマルクス経済学での用語だと〝収奪〟だ。〝収奪〟は、露骨な暴力を背景にして行われる。

新宿の南口あたりを、「おぅ、兄ちゃん兄ちゃん、俺よぉ～さっき金を落としちゃったんだよなぁ～電車代貸してくれなぁ～い！」とかいって、こういう風にやってくるのはね、〝収奪〟なわけ。背後に暴力をちらつかせて、お金を持っていくのが〝収奪〟です。

でも、江戸時代までは〝収奪〟、普通だった。米つくるだろ、そしたら**五公五民**だとか六公四民だとか、勝手に持っていっちゃうんだよ。持っていかないと、磔《はりつけ》になるよな。露骨な暴力に裏づけられている。〝収奪〟だよ。我々の資本主義の時代は、こういう〝収奪〟は原則としてない。あったとすれば違法行為です。

ところで、江戸時代に農民は、動けなかったでしょう、自分の

五公五民
江戸時代の用語。収穫の半分を幕府が年貢として徴収し、残りの半分を農民のものとすること。

住んでいるところから。だいたい江戸時代の農民は、半径18キロメートルしか移動しないから。一生の間でだよ。それに対して我々は自由に動ける、移動の自由があるでしょ。

近代のプロレタリアートっていうのは、売れるものがない。労働力だけ。

マルクスは、近代の**プロレタリアート**は二重の自由を持っているといった。1番目の自由ね。それは移動できること。自由に職業を選べること。身分的にこの職業につかないといけないとか、仕事をしないと捕まるとか、こういう規制がない。だから資本主義社会においては、親の遺産が何百億もある人間っていうのは、遊びほうけていても別にそれによって捕まることはないでしょ。そういう意味での自由です。

あともう1つの自由ね。生産手段からの自由。中世の農民だ

プロレタリアート

〝子どもをつくる人〟という意味。セックスをして子どもをつくることしかできない人たち。それ以外に何も持っていない。現代社会には、ここにも属せない男女がいる。

ったら、土地があるでしょ。鋤や鍬は、自分のものだよね。自分で耕すよね。自分の馬持っているよね。そういう中で**自給自足**できるよ。生産手段を持っているわけです。

近代のプロレタリアートっていうのは、生産手段からも自由だから、自給自足や自活ができない。売れるものがないの。労働力だけ。この労働力を商品として、売ることにより、賃金を得て、自分が生きていくために必要な商品やサービスを購入する。だからお金が必要だ。お金がなくなると、生きていくことができなくなる。

賃金の大まかな内訳

1：衣食住とレジャーにかかるお金

2：家族を再生産するお金

3：労働者が勉強するお金

自給自足
生活に必要なものを自分で生産してまかなうこと。

今、賃金の条件として2ついったよね。まずは衣食住、レジャーにかかるお金。2番目は家族を再生産するお金。家族の再生産のお金は時代によって変わる。**家事労働**で、女性が家にいることが多い時代もあれば、双方働くっていう時代もある。これは揺れがあるよ。でも、それだけでも賃金は不十分だ。

3番目はね、教育費だ。労働者自身の教育費。たとえば今、「ワープロ全然使えません」っていったら、仕事で使いものにならない。あるいは、事務職ならば、「エクセル全然使えません」っていうと、これ困っちゃうよね。じゃぁエクセルの勉強とか、みんな自分でするじゃない。エクセルの本を買ってきて、人によっては、パソコンの学校に行く。そういうようなお金っていうのも、賃金の中に入っているわけです。

だから今後、**AI**が出てくるでしょ。AI出てきてそれに対応していろんな新しいことを覚えていかなきゃいけないの。そういうようなものっていうのも、賃金に保障されないと、資本

家事労働

自給自足社会での〝労働〟は、家庭を意味していたが、社会の分業化が進み〝労働〟は、社会参加して賃金を得る手段へと変化。家事という〝労働〟だけが家庭に残った。家事は、労働力の再生産に不可欠な〝労働〟の1つである。

AI

コンピューターを用いて人間の脳が持つ知能や機能を実現させようというもの。1956年に、アメリカのコンピューター科学者のジョン・マッカーシーが命名。新井紀子『AI vs. 教科書が読めない子どもたち』(東洋経済新報社)によれば、AIはまだどこにも存在していないし、今後も存在しない。

主義はまわらないわけ。それだから、この3つの要素があってはじめて賃金は成り立つわけです。

サラリーマンが、極端な大金持ちになることはできない。

でも裏返していうと、賃金が極端に高くなることも、極端に低くなることもない。一時的には極端に低くなることってある。しかしそれだったら労働者階級が再生産されないから、滅びちゃう。一時的に景気変動で、高くなることがあるよ。しかし、高くなると、今度は、いくら労働者を雇っても資本家は利潤が出なくなる。これは他の商品と異なり、資本では労働力をつくることができないという制約から生じます。

それだから労働力っていうのは、好景気になっていくとどんどんどんどん、賃金が上がっていくわけ。そうして、ある天井

恐慌
好況時の賃金上昇で資本家が投資しても利潤を得られなくなり、企業倒産や失業が発生。生産、雇用、所得が急激に減少する。恐慌の原因は資本が過剰になってしまうからである。

に届くと、いくら人を雇っても、儲けがないっていう状態になる。これを『資本論』の用語では、〝資本の過剰〟っていいます。これが原因で**恐慌**が起きる。いずれにせよ賃金の天井があるわけだし、上にも下にも幅があるわけ。だから今、サラリーマンであるみなさんが、そこから極端な大金持ちになるっていうことは、できないわけです。

でも、**ビットコイン**買って儲けている人はいるよ。ビットコインがつくられたときに4000円だけ買ったら、今、2億円くらい持ってることになる。これはね、ビットコインっていうのが、株で儲けたり、**FX**で儲けたりっていうのと同じように、資本の機能を果たしているからだ。その人は、投機的なかたちでビットコインを買うことによって、金融資本家になっただけの話だ。だから厳密にいうと、我々には資本家の要素もあるわけです。たとえば株式を少し持っていれば、その要素においては資本家だ。

ビットコイン
インターネット上の仮想通貨の一種。類似のものが多数存在するがビットコインは代表的なもの。偽造や二重払いが、暗号技術の下で、取引記録の公開と参加者によるチェックの仕組みによって防止されている。

FX（外国為替証拠金取引）
5～10万円程度の担保資金（証拠金または保証金）を取引会社に差し入れることで、その数倍～数十倍の外貨を24時間リアルタイムで売買できる仕組み。

でも大多数の人たちは、自己の労働で生活しているから、それは労働者です。でも厳密にいうと、私は、労働者ではない。どういうことかっていうと、作家であるとか画家であるとか、要するに均質なものをつくり出すことができないわけでしょ。それから、あと植木屋さんなんかもそう。あるいはね、お医者さんとか弁護士さんとかもそうだよ。均質じゃない。個人の腕がすごく作用するもの。こういうものっていうのは、マルクスの『資本論』だと、〝小生産者〟っていう枠に入る。資本家でも労働者でもない。一種の中間階級です。賃金に話を戻します。

資本主義社会において、労働者の自己実現はない。

雇用契約をして賃金を我々に払うと、それ自体は正当だ。しかしそこでは付加価値が払われていない。資本の**利潤**っていう

利潤
事業活動を行って得た売り上げから、原価や経費を引いたもの。

のは、労働者のところから出てくるわけだよね。

労働者自身に、働く能力はあるよ。しかし、生産手段がないので、雇われないとそれを使うことができない。労働者は自分自身で生産できない。労働者は、雇われた後は、企業の命令に従って、働くしかないわけだ。

だから労働者は労働の主体にはなっていない。「私はこんな仕事をしたいんだ」とか、よくみなさんが「自己実現をはかりましょう」っていうんだけれども、資本主義社会において、労働者の自己実現はできない。資本主義社会においては資本家の自己実現しかない。この基本を押さえておかないといけない。

でも、労働力って、生きている人間の固有の能力でしょ。人間だから、労働力っていう商品を売っても、我々は意志があるし、主体があるし、「これはやりたくない」と感情もあるわけだよね。だから労働主体という面は、失っていないわけです。

しかも我々がつくったものは、我々のものにならないよね。

資本のものになるわけだよね。だから自分の会社でつくっているものを購入するにしても、社員割引はあるかもしれないんだけれども、自分でつくったものであるにもかかわらず、買い戻さなければならない。考えてみれば、おかしいことじゃない。自分でつくったものは自分のものでいいはずだ。

　購入者っていうのは、購入したものに何しようと自由だ。だから、私の本を誰かが買って、私の目の前で破いて、床にたたきつけるっていうことをしたって、それは購入した書籍をどう使おうと、どう処分しようと、それは購入者の自由だよ。そういうことできるわけだよね。

　そうすると労働力商品を購入した以上は、その労働力、すなわち労働者をどう使おうと、資本家の自由だ。そう資本家は主張するよね。これが、買い手の権利だ。じゃぁ、買い手の権利は何か。少しでも労働者を合理的に使って効率的に使って、利潤を増大させることだ。

でも買い手の権利があるんだったら、売り手の方の権利もあるでしょ。売り手の方の権利っていうのは何？　さっきいったように、労働力の再生産、「来月も働ける環境を保全してくれ」。それから「自分の子どもをきちんと育てられる環境を保障してくれ」。シングルの人だったら「パートナーを見つけて一緒に住めるような環境を保障してくれ」。デート代は賃金に入ってなきゃいけないんだよ。それから「AI化が進んだから、自分自身が勉強をして新しい技術についていける、仕事が続けられるような状況を保障してくれ」っていうことで、生きる権利を保障してくれっていうのが、売り手としての労働者の主張だ。

資本家と労働者は、金と命の交換をしている。

売り手の権利と買い手の権利は、法律的には同等だ。でも、売り手の方としては、命の問題でしょ。買い手としては金の問題だ。金と命の交換をしているっていうのが、資本主義の根本的な構造なんですよ。

だから労働者が主張するのは、人間としての生きる権利、資本家が主張するのは、**貨幣**を増やす、そういう権利なんですよ。でも、これ考えてみて。人間の価値からして、そんなもの、金と人間の生命だったら、人間の生命の方が上だ。そうすると、この労働力っていう人間の能力、人間が主体的に自然に働きかけて何かをつくり出す能力を商品にしてるっていうこと自体が、無理なんです。この無理な構造の上で、資本主義社会は成り立っているわけです。

労働力という人間の能力を商品にすること自体に無理がある。

貨幣
モノやサービスを売買するときに交換するものとして、また、それらの価値を表すときに、さらに、それらを将来に購入する備えとして価値を保蔵するために使われる。

たとえば、いわゆる偏差値の高い学校に入れば、高収入が保証されるだろうと。それだから、それに合わせたかたちで、徹底した受験勉強をさせると、その結果みんな勉強が嫌いになっていく。

これは根っこにおいて、労働力を**商品**にしていくっていう、その無理から生じているわけだから、本来やりたい勉強をやればいいじゃない。勉強、あまりやりたくない人は、別のかたちで人生を探せばいい。

商品経済は、対等で平等な人たちから成り立っていうことなんだけれども、これは形式だよね。実質は人間対貨幣ってこと。資本の意志っていうのは、人間には主体があるから、ストレートに労働者に貫徹できない。他者を支配する、そこには、ある場合には強制力、ある場合には偽装、フィクションをつくり出す。それで、「やりがい」であるとか、「生きがい」だとか、「働きがい」だとか、いろんなエサをぶらさげることによって、そ

商品
市場で交換されるもの。販売を目的とした品物やサービス。

の結果、資本の価値増殖をしている。これが資本主義の内在的論理。資本家の良心なんだよね。

24時間働かせることは、資本家の夢。そこで搾取がマキシマムになる。

しかし、搾取をしない資本家っていうのも、理論的にはありうるよ。搾取をしない資本家は理論的には、たった1つだけある、破産した資本家。ということは、賃金も払えないわけ。だから、搾取をしない資本家っていうのは、労働者にとっては、最悪の資本家になる。

ものの使用は、購入者の権利でしょ、だから、労働力は資本家の自由になる。究極的には「**24時間戦えますか**」って昔、テレビで栄養ドリンクのコマーシャルがあったでしょ。今、ああいったテレビのコマーシャルをやったらみんなどん引きだ。た

24時間戦えますか
1988年に発売されたドリンク剤、リゲイン（第一三共ヘルスケア／旧三共）のCMで使われたキャッチコピー。ちなみに2014年リゲインエナジードリンク（サントリー食品インターナショナル）のキャッチコピーは「24時間戦うのはしんどい」ので「3、4時間戦えますか?」。

ぶんコンプライアンスに引っかかる。でもあれは資本家の夢だ。24時間働かせることによって、そこで搾取がマキシマムになるんだけれども、ものの生産性は労働時間と直結するからね。

しかし、そうしたらさ、生きていく権利が保障されなくなる。24時間働かせたら死んでしまう。寝る時間と食事をする時間は、最低限、確保しないといけない。だから、働き方改革で、残業の上限規制が出てくるわけでしょ。資本家に勝手に労働力を使わせちゃうと、死んじゃうから。それで、労働力が使えなくなっちゃうと資本主義体制がなくなるから。資本主義システムが成り立たなくなるから。こういう歩留りをつけなくてはならないところまで、今、我々は追い込まれているわけです。

労働人口の減少を解決するために「60代は現役だ!」みたいな感じ。

労働者の再生産っていうのは、人間の生活によって行われる。これが資本家にとって、制約になるわけだ。

今、日本では、少子高齢化が進んでいる。少子化と高齢化っていうのは本来、別の概念なのに一緒にくっつけちゃうでしょ。なんで少子高齢化ってくっつけると思う。それは資本の論理に基づいているからだ。要するに**労働人口**が減少しちゃうことに注目している。そうするとどうやって解決する? これからは後期高齢者は75歳にしましょうと、こういうかたちで、まだ70代前半は若いぞと、60代は現役だ、みたいな感じで、そうやって労働力を増やしていくわけです。そして高齢者の労働力を安く買いたたく。こういうことだよね。

労働人口

満15歳以上で労働する意思と能力を持った人の数を指す。実際に働いている人だけでなく失業している人も含む。また、労働に参加する意思がない学生や専業主婦、老人や病気で働けない人は、含まない。

なんかみもふたもない話なんだけれども、ひと昔前の官僚や政治家はわかっていた。どうしてかっていうと、1980年代の前半までは、東京大学でも早稲田大学でも慶應義塾大学でも京都大学でも同志社大学でも、経済学は**マルクス経済学**と近代経済学が並列していたから。だから、今、述べたような話っていうのは、1980年代の前半までに大学を出た人は、経済学の授業を聞けば必ず聞かされる話だった。そうするとそれが頭の中に入っているでしょ。だからあまり無理をしたら、資本主義システムがつぶれるなっていう感覚はあったわけです。ところが現在はいわゆる主流派経済学（近代経済学）しかないから、なんか数式を少し使ってモデルをつくればいくらでも利潤を増大させることができると、勘違いして、自分たちの能力の限界に気づかないわけだ。だからあの人たちは一種の自家中毒になっている。

日本国憲法とか**労働基準法**っていうのは、永続的に資本主義

マルクス経済学
マルクスによって明らかにされた経済学。著書『資本論』で確立した経済学体系。

労働基準法
労働者の安全、衛生、最低労働条件などの労働基準を定めている。

を発展させてくっていう1つの仕組みをつくっているわけです。人間としての生きる権利を保障するっていうのは、持続可能性なんだよね。

だからそこでいうところの、人権っていうのは、資本家だけの人権じゃないんだよね。労働者の人権も、入っているわけだ。こういう風にして、考えていけば、今の世の中の構造っていうのがよく見える。

第2章

職業の選択を間違えてはいけない

絶対に昇進する可能性がない、
将来性がない、
ファミレスに勤めて、夜間1人で切りまわして、
そこでやりがいを感じているなんていうことが、
あぶねぇってことは、わかるよね？
変なやつにだまされないように
するっていうこと。
これは仕事の上でも非常に重要だ。

資格をとればなんとかなるといっても、なんとかなる資格となんとかならない資格がある。

それから僕は大学で講義をやるときには初回に、**『逃げるは恥だが役に立つ』**（ＴＢＳドラマ）の1回目の、最初の15分くらいを見せる。だから、みくりちゃん（新垣結衣）が出てきて、私は今、派遣会社で勤めていると、しかし派遣切りにあうと、その過程を話すんだけれども。

まず、就活をやってうまくいかなかったと。何十社にもエントリーを出したけれども、1つも入れなかったと。それだからとりあえず大学院に進んだと。まずそこが失敗だよね。大学院に進めば展望が開けるということは全然ないわけで。大学院なんていうのは、教育環境が全然整っていないから。それは大学で実際に教えているから、わかるんだけれども、私も今、大学

『逃げるは恥だが役に立つ』
大学院で臨床心理士の資格をとりながらも就職難で派遣社員になった女性と、高学歴のシステムエンジニアだけれど彼女いない歴35年という男性の契約結婚を描いた２０１６年放送のドラマ。

院では教えていない。学力のばらつきがひどいんで、授業にならない。だから学部の方がずっとまし。本当に研究職になりたい、あるいは知識をもっとつけたいっていうので大学院に行くのと、社会に出るのが怖いっていうのと、就活が全然だめだったからとりあえずっていうのが、混在しているから、大学院自体が、どこにターゲットをあてて、講義をしたらいいのか全然わからない状態。

それでみくりちゃん、どこ狙った？　心理学科で、**臨床心理士**になった。臨床心理士の世界なんて、これは精神科医に牛耳られている世界だよね。そこのところで、就職なんて簡単に見つからないよ。資格をとればなんとかなるといっても、なんとかなる資格と、なんとかならない資格があるの。臨床心理士はなんとかならない資格の筆頭格。

ちなみにこれから気をつけないといけない資格っていうのでね、2つ、いわゆる有望と思われている資格の中にヤバイのあ

臨床心理士
公益財団法人 日本臨床心理士資格認定協会が認定する資格。スクールカウンセラーをはじめさまざまな領域で活躍している。一方、2017年9月、公認心理士法が施行、18年には国家試験が実施され、「公認心理師」という心理の国家資格が登場した。

るぜ。1つは弁護士。お医者さんは、医学校の定員が9700人だよね。たぶんそのうち、1割くらいが、試験に受からないとか、単位がとれないとかで脱落するから、毎年9000人くらいに推移していくわけだよね。弁護士は、旧試験制度においては500人。これが今、1400人になっている。ちなみに外交官っていうのは、毎年キャリア、ノンキャリア、合わせて、70人しかいない。だから非常に少ないんだよね、人数が。それで弁護士の場合、今どういう風になっているかっていうと、弁護士の年収の中央値って、400万円台後半くらいという推計もある。年間に10億円稼いでいる弁護士がいるけれども年収100万円台の人もいる。そのちょうど真ん中が中央値だ。実際には、JR山手線の運転手より低い収入の弁護士が少なからずいる。

しかも、数十人の若手弁護士が、毎年廃業しているんだよ。その廃業の理由、何か知ってる？　月数万円の弁護士会費が払えないからだ。弁護士の場合は弁護士会に所属しないと、仕事できないからね。医師の場合は、医師会に所属しないと、それでも、医師免許奪われないからね。そういう状態だ。

しかも法科大学院なんか、奨学金を借りても悲惨な現実がある。奨学金っていったって、**日本学生支援機構**のやつは、利子までついているわけだからな。こんなの奨学金じゃなくて、金貸しだよね。ローンだよな。それで、少ない人だって自力でやると500~600万円の借金背負っている。学部時代から借金していると1000万円。こういう状態になっている。それで年収1000万円台なんてこともある。こうなると、地獄の職業だよ。

だから僕は、司法試験の人数を増やした、新試験制度をつくったっていうのは、弁護士たちが、息子、娘への、世襲をやりやすくするためじゃないかと見ている。500人の試験だと通らないけれども、1400人だと通るからね。それで弁護士だ

日本学生支援機構
文部科学省が所轄する独立行政法人。貸与型で、無利子の第1種と、利子がつく第2種がある。就職状況の悪化により、返還の滞納が問題化している。

って、お客との関係をきちんと持っている。そういうところが有利になるわけだから。だからそういったかたちになるのかなって、なんか非常にへんな制度だと思っているんだよね。

ただもっと悲惨なのがあるんだよ。公認会計士。これ、ヤバイ資格の2つ目。公認会計士は、公認会計士試験に合格しただけじゃ、実は免許とれないいんだよね。監査法人に2年間勤務しないと、公認会計士の免許はとれないんで、開業できない。今ね、公認会計士試験に合格して、**監査法人**に就職できる人って、8割なんだよ。2割の人は、あの難関試験に合格しても、監査法人に就職できないからね。そのまんま、公認会計士になれないの。

じゃぁどこに就職すると思う？　ここだけの話だけれども、ありうる選択肢は、警察だよ。警察で捜査2課。すなわち、帳簿を読めるでしょ？　帳簿を読めるデカになるコースっていうのがある。こういうことだよね。だから監査法人に就職できない人は、犯罪者専用の帳簿を読む専門家になるということ。こ

監査法人
5人以上の公認会計士で構成されている。企業がつくる決算の財務諸表などを、独立した立場で監査する。

ういう世界だよね。

ＡＩの時代になってもなくならない税理士の仕事。

ちなみにこれに対して試験としては公認会計士よりも税理士の方がやさしい。しかし、税理士は、なくならない。以前、あるマンガ家の家に行ったときの話なんだけれども、「私はお上には2割以上払わないことにしている」と。それで税務調査が入ったときには、コクヨの領収書に品代、２００万円とか書いて、証拠書類として渡すと。そうすると税務署は「勘弁してくださいよ」と。

でも結局それじゃぁ、どういう風にして税金をとるかっていうと、業界用語になってくるけれども、担税力っていうのがある。担保できる税金の力っていう。だからこの人が、推定しているところのたとえば2億円税金払っていないと思っても、2億をとり立てることはできないと。しかし6000万円ならとれるっていうことだったら、課税額を6000万円にしちゃうからね。

あるいは私の知り合いで、知り合いっていうか友人っていってもいいよ。**副島隆彦**さん。この人は、面白い人なんだ。熱海で競売に出ている大きな別荘を買ったんだけれども、1階には、温泉で、20人くらい入れるようなでっかい浴槽があるのね。それで、下の階を改装して、蚕棚をおいて、自分の弟子たちが泊まれるようにした。こういう施設にして、そこにかかる金を全部経費にしたんだって。

そうしたら国税が、認めないということなんで、とりあえず税金を全額払った上で、国税不服審判をやって、国税不服審判でも認められなかったんで、本裁判やって、最高裁まで争ったと。千数百万、2000万円まではいかなかったけれども、副

副島隆彦

1953年、福岡市生まれ。政治思想、法制度論、経済分析、社会時事評論などの分野で、評論家として活動。副島国家戦略研究所を主宰。著書多数。筆者との共著に『激変する世界を先読みする』（日本文芸社）などがある。

島さんが負けて税金は戻ってこなかった。でもこれで、もう完全に、税務署が参っている。どうしてかというと、裁判やるときは検察官に頼まないといけないんだよな。それで検察の方からは「なんだよ、こんな筋の悪いの持ってきやがって」と。最高裁までやらされるわけじゃない、だからそこでかかる費用なんていうのは、2000万じゃ収まらないわけ。それから、税務署が来なくなったって(笑)。

それでね、副島さんの事務所って面白い。元のオーナーが書道の家元さんだから床の間があるんだよね。副島先生、風の通りが悪いって、その床の間にアルミサッシの扉をつけた。それで開け閉めができる床の間がある。それからテーブルはね、香港で手に入れたっていう、偽ロココ調っていうのかなぁ、迎賓館にあるような、ピカピカーッとしたようなテーブルと椅子ばっかりね。その横にね、とても大きな中国の壺があるんだけれども、少し色ずれしているんだよね。全体の印象が、どっかで見た感じだなぁと思ったら、**映画『007は二度死ぬ』**でさぁ、丹波哲郎が姫路城に住んでいるでしょ。それで力士が門番をしているっていう、あのオリエンタリズムそのものの、丹波哲郎の家。あれにそっくり。

副島先生は、国を信用しないからね、財産の一部を金塊とコインと、それからキャッシュで持っているの。そしたらね、去年、泥棒が入ったって（笑）。それで、なんか800万円くらい持っていかれたんだけれども、警察に届けたらね、生活安全課と一緒に公安警察がきて「佐藤さんと本出している方ですよね」って、公安のデカがいってたという話です。それで税務署に損金の申請をしたんだって。普通は、そのための嘘話だといって認めないんだけれどね、3割が認められて控除されたって。

それで、税理士の仕事っていうのは、税務署と交渉しながら税額を決めることだから、そこにはすごく、人間的な要素があるわけ。だからＡＩの時代になってもなくならない。しかし公

映画『007は二度死ぬ』
日本公開は1967年。『007』シリーズ映画第5作。ボンド役は、ショーン・コネリー。ボンドガールは初の日本人、浜美枝。

認会計士は、国際会計基準に基づいて、インドとフィリピンの公認会計士と競争するからね。今後ますます厳しくなっていく。

生活費は、資本の側がギリギリまで削っていこうとする。

仕事を選ぶときのポイントがあるわけなんだよね。で、もう1回、賃金の話をします。賃金の1番目、1カ月の生活に必要な費用。2番目、労働者階級の再生産。それだけで終わりじゃないんだよ。3番目、技術革新が起きるじゃん、それに合わせて、自分の技能というものを磨いていく教育費。これも入っているっていうことなの。でもこれ、事後的な概念なんだよね。どういうことか？

資本主義が、きちんとまわっているときには、生活費と、労働者、子どもを再生産する費用と教育費が入っていると。しかしほったらかしたらだめ。1番目の生活費、それもギリギリまで資本の側が削っていこうとするんだよ。それが資本家の職業的良心なんだよ。資本家の良心っていうのは利潤を拡大していくことなんだ。だからそこのところで、**労働組合**をつくって、均衡点を見つけていくっていうことになるわけです。労働組合っていうのは、経営者からすると、一見、うっとうしいように見えるんだけれども、システムとしての資本主義を維持するためには、とっても必要なんだよね。

社会主義体制を支持する人は、日本の中でもたぶん圧倒的に少数派だよね。

この労働組合をある時期まで、国は応援していた。あるいは国が労働組合的なものを育成して、資本に対抗しようとしていたわけです。どうしてか？　共産主義国家が存在したから。共

労働組合
賃金や労働時間などの条件改善のため、労働者が団結してつくる団体。使用者と団体交渉を行い、ストライキなどの団体行動をする権利は、憲法で保障されている。

産主義社会っていうのは、外部に対して閉ざされてたでしょ。それだから、資本家や先進国の政府は、自由がなくてとんでもない社会だといってたんだけれども、同時に、あそこでは平等が実現しているらしいと信じていた。政治的な自由はないんだけれども、労働者の権利は保障されているしと、そういう幻想があったわけだ。それだから、共産主義革命が起きないようにするために、共産主義社会よりも、資本主義社会の方が大量消費文明の恩恵にも浴せるし、それは失業は一部にはあるけれども、やり直しもあるし、それほどひどい体制じゃないよっていうことをするために、**再分配政策**をしていたわけだ。こういうのをマルクス経済学の用語では、**国家独占資本主義**っていう。

巨大な独占資本から、それは金融資本が中心になってるんだけれども、そういった資本に対して、資本主義体制を維持する、社会主義革命を起こさないっていうことなんで、国家が再分配していくっていう考え方なんだよ。ただ、社会主義、ドイツの

再分配政策
市場原理の中で起こる不平等を是正するために政府が用いる財政手段。生活保護、育児支援、公的年金、医療保険などがある。

国家独占資本主義
巨大な独占資本の出現により資本主義経済の矛盾が顕在化したので、それを解消するために国家・政府が積極的に経済に介入するようになった状態。

フランクフルト学派なんかだと、これを国家独占資本主義っていわないで、**後期資本主義**と呼ぶ。自由主義的な前期資本主義に対して後期資本主義という。

でも、社会主義体制が現在はなくなってしまった。今残っている社会主義国って、実質的に社会主義として機能しているのは、キューバと北朝鮮だけだ。キューバ、あるいは北朝鮮みたいな国になった方がいいと思う人は、日本の中でもたぶん圧倒的に少数派だよね。北朝鮮のような社会体制になるよりは、日本にいた方がいいと思う人の方が、きっと多いと思う。そういうことを考えると、もう社会主義を恐れることはないよね。そしたらすくすくと資本主義が育っていって、資本家の階級的良心に従って、どんどん搾取をしていくという構造になるわけだ。そうするとそこのところで、出てくる魅力ある思想っていうのは、**ファシズム**なんだよね。

国家が資本家と労働者の間に介入して、賃金を上げようとか、

後期資本主義

国家や行政機関が市場に介入して、格差を是正するなどして、経済や社会の問題で、資本主義システムが損われないように、さまざまな調整を行う。

ファシズム

大衆動員を利用して市民的自由や人権を無視する国家主義をかかげて、反対派を弾圧する政治体制や思想を指す。第1次世界大戦後の混乱を背景に政権を獲得したファシスト党やベルサイユ体制の不満や世界恐慌による社会不安を背景に台頭したナチスが例にあげられる。

分配を実現しようっていうこと。これをやるっていうのは基本、ファシズムの思想なんだよね。それだから、おととしのメーデーに、安倍晋三首相が来て、それで官製春闘だと。「企業は内部留保を吐き出して、賃金を上げろ」っていうのは、これは、ファシズムの思想だ。安倍晋三首相と共産党が、同じことをいっているわけだ。だから自共連合にでもすればいいと思うんだけれどね。でもこれっていうのは、理論がない人たちの強さだよね。経済学者の**宇野弘蔵**さんが「ファシズムの強みは、無理論なところだ」と。だから理論がないという点では、共産党も、それから安倍政権も、非常に似ているわけだよね。それで主観的な願望で、客観情勢が変えられるんじゃないかと、こういう風に、考えているることだよね。

宇野弘蔵

1897-1977

日本のマルクス経済学者。「原理論」「段階論」「現状分析」の3構造で経済学を読み解いた。著書『経済原論』（岩波文庫）のP244、14行目〜P246、5行目を読んでみてほしい。

資本主義社会では、食べていけないほど苦しい状況になることも実はない。

それからね、じゃぁ、賃金はどこで決まるか。これ、生産過程で決まる。労働力商品と、生産手段、原材料、こういったものを合わせて、機械と原材料と、労働力を合わせて、生産を行うわけだから、賃金の水準は生産のところで決まる。みなさんだって、雇用契約を結ぶ、それは生産の約束だよね。そこのところで賃金が決まっちゃうわけ。企業の業績がどうであろうが、そこは本質的に関係ない。ボーナスっていうかたちで示されるんだけれども、これも、本質的には関係なくて、要するに本当は年間で12回に割って払わなければいけないものを、ボーナスっていうかたちで恩恵的に2回出しているに過ぎない。若干景気変動による変化はあるんだけれども、今いった労働力商品の

3つの要素だ。生活費、世代の再生産、それから自己教育。その合計を大きく超えることはない。

資本主義社会において、普通の勤労者が大金持ちになることは、できない。ここは覚えておくべきだ。他方、普通に働いて、食べていけないほど苦しい状況になることもない。なぜならば、資本主義が持続するためには、圧倒的大多数である労働者が商品を買わないと、資本主義ってシステムとして成り立たないから。それだから、大金持ちになる、働いても食べていけない、という両極の考え方を捨てて付き合わないと、いけないわけだよね。

資本家は、搾取して恨まれる。官僚は、収奪して恨まれる。どちらも合法。

資本家になれば、確かに大金を手にすることはできるかもしれない。しかしその大金を手にするのは、他者を搾取して手にするわけだからね。恨まれる。それからなおかつ、倒産のリスクが常にある。ちなみに労働者にとって最悪の資本家は、倒産した企業の資本家だ。賃金が払えないから。資本主義社会において搾取をしない資本家はたった1種類だ。破産した資本家。これは搾取しない。賃金を払わない資本家は、最悪の資本家だ。そうことだよね。賃金を払わない資本家は、最悪の資本家だ。その意味においては、資本主義システムにおいて、資本家と労働者っていうのは、運命共同体なんだよね。

だから、**映画『マルクス・エンゲルス』**を観た人はわかると思うけれども、資本家であることをやめたいと強く思っていたエンゲルスの目的は、共産主義革命を行って、搾取、非搾取、労働力商品化っていう世の中を変えることによって、資本家を人間的に解放するっていうことだったんだよね。資本家としての自分の幸せが、他者の不幸の上に成り立っているような、こ

映画『マルクス・エンゲルス』
日本公開は2018年。マルクスとエンゲルスが、ドイツ、フランス、イギリス、ベルギーを舞台に、『共産党宣言』を執筆するまでの日々を描いた作品。

ういう社会はおかしいということを、エンゲルスは強く考えたわけだ。

それじゃぁ分配ってどこで行われるのか？　資本家は、搾取をして利潤を得るでしょ。しかし資本によっても労働力によってもつくれないものがある。それは土地です。土地には水とか、土壌とか、それに空気も入る。要するに現在でいうと、エコロジー的な制約だ。環境は、労働によっても資本によっても、労働力によってもつくれない。だから環境制約性に対する譲歩、すなわち、この環境を持っている人に対して、資本家は自分の利潤から、一部を払わないといけない。ここから、持っているだけで何等かの利潤が出てくるっていう、**地代**が発生するんだよね。

ちなみにそれと似た形態が株式だ。持っているだけで、配当がある。しかしこれは、実際は何かをつくっている産業資本、それから実体資本を持っているところと、金融資本の間でのや

地代
土地を借りる者が土地所有者に支払う借地料。

りとりを通じる中で出てくる新しい商品だよね。マルクスは株式を**擬制資本**と呼んだ。フィクションの資本という意味です。持っているだけで、何かの価値があるっていうのは、実はそういったことはない。実際のさまざまな、投資活動、資本の運動っていうものからできているんだけれどもね。

ここで議論を整理する。資本主義社会っていうのは、結局のところ、労働者と、その労働者から搾取した剰余価値によって生きている資本家と、資本家が、環境的な観点から譲歩して、地代を渡す地主っていう三大階級からできている。しかしこの三大階級の欠点っていうのは、官僚がいないっていうことだ。このモデルには国家がないからだ。そうするとそれに国家を加えると、資本主義社会っていうのは実は、四大階級によって成り立っているっていうことになる。そのうち一番嫌われるのが、官僚階級なんです。それは、この社会の中で収奪によって生きている人たちだから。こういう構成になる。

擬制資本

資本としては利用されていないけれど、株式、社債、土地などのように、収益を生み出して、資本として価値を計算することができるもの。

イデオロギーで一体化しちゃうと、超勤を全然苦とは感じない。

じゃあどうやって、現実に資本主義社会と付き合っていくか。頑張り過ぎると擦り切れてしまう。最近よく**キラーストレス**なんていう言葉が出てくるじゃない。それで鬱になっちゃって、仕事から離れちゃう人もいれば、心筋梗塞を起こしたりするような人もいるよね。

私だって外務省時代は、気がつくと、300時間くらいの超勤になってたんだよね。300時間の超勤っていうと大変だなぁと思うかもしれないけれど、大したことない、そんなの。どうしてかというと、朝、政治家の勉強会が8時からあるでしょ。その準備があるから7時から仕事がはじまる。外務省は9時半からはじまるから、それで2時間半、超勤だ。それから夜、だ

キラーストレス

脳の扁桃体が不安や恐怖を感じるとストレスホルモンが分泌されたり自律神経が興奮したりして、心拍数増加、血圧上昇などのストレス反応が起こる。こうした反応が重なったとき、血管が破壊され、脳卒中、心筋梗塞、大動脈破裂などを引き起こしやすい状態に陥ることをいう。

いたい政治家との会合が終わって、さらに役所に帰って、家に帰ると、役所を出るのがだいたい1時半とか2時だよね。そうすると、1日にだいたい10時間くらい超勤するわけだ。月曜から金曜まで。だから週50時間だよね。それで4週だから、200時間だけれども、残りの部分は簡単な話で、金曜の夜から月曜の朝まで役所に泊まり込んでいるような事態っていうのが時々あるからね。それが月に2回くらいあるから。そうすると、あっという間に300時間いっちゃうんだよ。

しかし官僚だから、それはあの労働力商品化とはちょっと違う世界にいるからね。それで「自分たちは日本国家を担っているんだ」というイデオロギーで国家と一体化しちゃう。だからそれを全然苦とは感じないわけなんだよね。学生時代に『資本論』を読んでいて、労働力商品がどのように成り立っているかということを頭の中でわかっているのだけれど、自分の職場環境の中に入っちゃうと、それが見えなくなる。でも私は、作家になって、今はそこから引き離された場所にいるから、少し見えるんだよね。

資本家の世界に入らない、はぐれものもいる。

ちなみに作家は、じゃぁどういうところに所属するのか。資本家でも、労働者でも、地主でも、官僚でもない。これはね、資本主義になじまない、小商品生産者という。こういう階級になるわけ。資本主義社会における、はぐれものになる。画家であるとか、実は弁護士なんていうのは、特殊な能力が必要とされる。医師もそう。そういうような人たちっていうのは、小商品生産者。学者もそう。あの資本主義システムに完全に組み込むことができないわけだよね。

それに対して同じキーボードを打つにしても、印刷会社で入

日本文芸家協会
作家、劇作家、評論家、随筆家、翻訳家、詩人、歌人、俳人など、文芸を職業としている人たちの職能団体。初代会長は菊池寛。

柚木麻子
1981年、東京都生まれ。代表作に『フォーゲットミー、ノットブルー』(第88回オール讀物新人賞)、『ナイルパーチの女子会』(第28回山本周五郎賞、第3回高校生直木賞)などがある。

力を担当する人たちっていうのは、1字、いくらで換算できるだろうね。零点何円くらいだろう。だけど我々の世界ではそんな値段の作家なんていないからね。**日本文芸家協会**に加盟している作家、作家としての収入が家計のメインだっていうこと。だから大学教授をやっていて、片手間で作家をやっている場合には、文芸家協会の中の職業作家とはみなされないんだけれども、文芸家協会の職業作家の平均年収は200万円台の上の方くらいだと思う。これ、平均だから。ということは、億単位で稼げる人も何人もいるわけだから、そうすると中央値だったら、100万円台だと思う。だから実際問題、作家だけで生計を立てている人って、私の周囲でもほとんどいない。

作家だけで生活を維持できている人っていうのは、例外なくベストセラー作家だよね。たとえば**柚木麻子**さんとか、**恩田陸**さんとか、**角田光代**さんとか、そういった人たちっていうのは、いずれも、万単位の部数で、本が出せる人だよね。

恩田陸
1964年、青森県生まれ。代表作に『夜のピクニック』(第26回吉川英治文学新人賞、第2回本屋大賞)、『中庭の出来事』(第20回山本周五郎賞)、『蜜蜂と遠雷』(第156回直木三十五賞、第14回本屋大賞)などがある。

角田光代
1967年、神奈川県生まれ。代表作に『幸福な遊戯』(第9回海燕新人文学賞)、『まどろむ夜のUFO』(第18回野間文芸新人賞)、『対岸の彼女』(第132回直木三十五賞)などがある。

我々作家にとってね、一番危ないのはね、これもここだけの話、きわどい話だけれども、大学専任教授との兼任職だ。人間って怠ける動物だから。大学教授としてたとえば、年収で、1000万円とか保障されるような場所に作家がいっちゃうでしょ。そうすると、大学の授業にもあんまり身が入らない、自分は創作活動があるから。教育もちゃんとできないし、もちろん研究もしない。逆に作家活動に関しては、「いや、私は大学の仕事があるから……」っていうかたちになって、エクスキューズになるわけだ。それゆえ作家っていうのはエクスキューズができないような場所に自分をおかないと、作品を書き続けることができないと私は思っている。だから、優れた評論を書いているなとか、優れた文学作品を書いているなという人も、大学の専任教授になって数年たつと、だいたい作品を書かなくなっちゃうか、書いても迫力がなくなってくるよね。そういう傾向がある。それは、労働力商品に還元できないようなプラスアルファ的な要素っていうか、ちょっとずれたりするっていうのが作家っていう仕事にはあるからだ。これは、ペンキ屋さんと画家との違いでもあるわけだよ。こういう違いもある。じゃあもう1回、職場の話に戻すよ。

300時間の超勤。なんでこんな調子でも私は、働いていられたのか？

じゃぁ外務省で、私なんていうのは、こんな調子で働いていて、みんな100時間くらい超勤するよ。どうして？　それは、やっぱり意識っていうのが、近代の身分制社会の意識があるからなんだな。と同時に、研修制度が充実しているからだ。

今、アメリカの授業料も、だいぶ上がっちゃったから、外交官1人養成するために3000万円くらい使っていると思うよ。民間企業を見ても、現在でも外務省のレベルを超える研修制度が整っているところっていうのは、ないからね。しかも外務省の研修制度っていうのは、面白くて、学位の取得を奨励しないの。修士論文や博士論文を書くなっていう。どうしてか？そういうことをすると図書館にこもって論文を書く。すると、しゃべることができなくなって語学の能力が上がらないから。

外務省のこの研修制度っていうのは、2年から3年、仕事を完全に切り離して、まず東京で1年間、外務研修所に入って語学の徹底的な訓練をする。だいたいロシア語で未修な人が入っても、東京外国語大学ロシア語科の3年生のレベルまで引き上げて、在外研修に出している。そしてその後、2年から3年外国での研修をするんだけれども、言葉だけうまくなればいいという研修方針だ。だから語学の試験はしょっちゅうある。しかし、学位をとれとか、大学に行けっていうことは全然いわれないし、家庭教師をとるだとか、あるいは飲み屋にしょっちゅう行って、とにかく言葉がうまくなればいい、という発想だ。

これはどうしてかっていうと、第1次世界大戦を処理するときにおいて、**ヴェルサイユ講和会議**のときにはじめて、みんな普通のスピードでフランス語をしゃべる会議に出た。でも日本代表団は、何をいっているか全然わからない。今までは一対一の交渉だから相手がゆっくり話してくれた。単語数も少なく。それが普通のペースで話すとまったくわからないから、戦勝国であるにもかかわらず、ほとんど何も獲得できなかった。これじゃぁまずいっていうことで、本格的な語学の専門家の養成っていうのは、第1次世界大戦後からはじまったんだよ。それがずーっと今まで続いているわけです。

前例とか成功体験って、あんまり役に立たなくなっている。

あと、短期的に役に立って、高収入のビジネスっていうのは、

ヴェルサイユ講和会議
ヴェルサイユ会議、パリ講和会議ともいう。1919年にパリで開かれた第1次世界大戦の戦後処理のための国際会議。日本は、利害関係のある問題以外は、意思表示しなかったため「沈黙のパートナー」と呼ばれた。

中長期でそうなるとは限らないからね。15年くらい前だったら、ウェブデザイナーなんて、引く手あまただったでしょ？　今、ウェブデザイナーになりたい人いる？　システムエンジニアの方もおられると思うけれど、システムエンジニアの仕事の厳しさと、当たったときと外れたときのその落差。なおかつ、納期を巡る競争の厳しさ。これみんな、知っているよね。だからひと昔前までは憧れだったシステムエンジニアというものも、今はそんなに人気がない。その仕事の中の辛さってな意味で考えると、わかるよね。

それから別のかたちでいうと、今から二十数年前、介護保険制度が導入されたばっかりのときっていうのは、実はヘルパーを、大学を出ている女性がけっこうやっていたよね。人間の魂にふれるとても貴重な労働だからっていう価値観があるからだ。でも現在の介護労働は、きつい労働になっている。ただし、介護労働のノウハウとヘルパーの資格があれば、家政婦はできるよね。今、家政婦需要も結構あるよ。もしヘルパーと同じくらいの値段でいいっていうことだったら「来てください」っていう人、たくさんいるよ。しかし、あんまり希望者はいないよね。どうして？　これは、市場価値の中に感情論が入っているからだ。他のサラリーパーソンのところで、家事労働で使われるのは嫌だっていう、こういう意識があるから、介護労働にいくことはできても、家事労働で、それも家政婦っていうかたちでいくっていうことには、抵抗感がある。

でもこういうようなものっていうのは、時代で、ちょっとしたことで変わるわけです。それだから前例とか成功体験って、あんまり役に立たなくなっている。ただ根本のところ、さっきいったように、賃金の1番目の要素で、食べて、家を買って、服を買って、ちょっとレジャーをするっていう、そこはどのような仕事についても担保できる。

家庭も育成しないと、資本主義社会は、持続的な成長ができない。

資本主義システムを維持するという問題っていうのは、賃金の2番目の要素と関係している。どういう風にして労働者階級が再生産していくか？　労働力というものは、資本によっても、労働によっても、実は、つくれない。これはあくまでも、休息によって、消費によって、つくられるものだ。

家庭が安定しないと、家庭が殺伐としていると、いい労働力が生産できない。それだから資本主義社会っていうのは、家庭っていうものを育成しないと、持続的な成長ができないっていう条件がある。

AI技術が入ってきても、人間の判断が必要な仕事はある。

それから3番目は、自己教育だ。これからいろんな技術が入ってくる。たとえばAI技術が入ってくるっていうことになると、それに対応したかたちでの教育、これも賃金の中に含まれていないと、資本主義システムはまわらないわけです。

AIによって**シンギュラリティ**が来るとかいう人がいる。そういう時代になったら労働がなくなる、それだからベーシックインカムが必要だなんていうこともいうんだけれども、これはもう本当に荒唐無稽な主張だよね。

要するにAIっていったって、機械に過ぎないわけだから、AIをつくる、メンテナンスをするところで人間の労働が必要になる、自動車だって完全な自動運転にはならない。どうして

シンギュラリティ
技術的特異点ともいう。人工知能が人間の知性を超えるところまで発達、逆転して、生活に大きな影響を及ぼすという概念。

かというと、想定外の動きをする人がいるから。運転をＡＩだけに任せることはできない。安全、保安に関するところにおいては、人間の判断がどうしても必要になる。だから運転士っていうかたちでハンドルを握る運転手はいなくなるかもしれないんだけれども、車や電車に乗っていて、緊急事態のときにはブレーキをかける、あるいは迂回をするようにハンドル操作をするという、こういう保安要員は必ず残る。これはなくならない。

あるいは公認会計士は、非常に厳しい仕事になっていく可能性が高い。今だって、公認会計士試験、あれだけ難しい試験に合格したって、２割の人は監査法人に入れないから、公認会計士免許、最終的にとれない。ただし、税理士は、なくならない。なんで？　税金を取り立てる現場で、誰かがいくら税金払わないっていったって、それを額面通りとるかどうかわからないからね。その人が裁判に訴えてくる、うっとうしい人だったら……というような判断をしなくてはならない。だから税務署との交渉の専門家としての税理士は残るんだよ。税制度っていうのが不透明な制度だから。

実際にとり立てる現場になったら、税理士の裁量が大きくなる。税務署との間に入って「えらく難しそうな人ですよ、この人は」とかいうと、税務署が「じゃぁやめとくか」、あるいは「いくらだったら、預金があってとれそうです」ってなったら、「じゃぁ、担税力の範囲内で」と、こういう風になる。これだから、ＡＩにやらせるのは無理です。

あと消費者ローンの窓口もなくならない。だってそうでしょ？　たとえば三菱ＵＦＪ銀行に、家を建てるお金を借りに**『現代用語の基礎知識』**の編集長がくれば、『現代用語の基礎知識』、それだったらどれぐらいの収入で、どういったローンを組めばいいかということはＡＩでも判断できると思う。

でもしさ、消費者金融の窓口に『現代用語の基礎知識』の編集長が行ったらどう考える？「ちょっと2万円貸してほし

『現代用語の基礎知識』
１９４８年創刊。マスコミ・ジャーナリズムで話題となるその年の新語・話題語を中心に、日々の新聞やニュースから、キーワードを取り上げて解説している。毎年11月頃、自由国民社より刊行。また毎年12月初旬に、その年の世相を反映した言葉として新語・流行語大賞を選定し、発表も行っている。

いんです」と。警戒されると思う。この人、銀行に行けないどんな事情があるんだろうかって。銀行と消費者金融では、基準が違うわけだ。銀行だと誤字脱字が多くて、訂正印をたくさん押していると警戒されるでしょ？　消費者金融だと、サラサラと書けると警戒されるんだって。「こいつ、借り慣れているな」と。そういうノウハウっていうのも、ＡＩでは審査できない。それだから実は、消費者金融の窓口は残るわけだ。そうすると、将来的にどういう職業があるのか、ないのかっていうこと。これ自分の頭で考えないといけないね。

第3章

リスクは誰にでも襲いかかる

貧困層が増大しても、相変わらず、
豊かな生活を送っている人々は多い。
しかしそんな人々にとっても、
格差や貧困は決して他人事ではない。
格差が大きく、貧困層の多い社会は、
病んだ社会であり、病んだ社会では、犯罪が増加し、
豊かな人々も含めて健康状態が悪化、
死亡率が上昇するのだ。

*5つの階級／『新・日本の階級社会』P66〜67参照

アンダークラスという、新しい階級ができてしまった。

社会学者で**『新・日本の階級社会』**の著者である橋本健二さん（早稲田大学大学院教授）の研究に私はとても注目しています。本章では『新・日本の階級社会』をベースにして私なりのコメントを加えていきます。読者には是非、この機会に橋本さんの著作を購入して精読してほしいです。橋本さんは、現在の階級っていうのは全部で5つあると考えている。①資本家階級、②新中間階級、③労働者階級の中の正規労働者、④旧中間階級、それからこの本では、⑤アンダークラス（労働者階級の中の非正規労働者）っていう新しい階級も紹介している。これは主婦のパートを除く、非正規労働者をさしています。

『新・日本の階級社会』
2018年刊行の講談社現代新書。著者の橋本健二氏が、最新の学術データから日本社会で固定化されてきている格差の輪郭を描いている。

まず、「資本家階級」。従業先規模が、5人以上の経営者、役員、自営業者、家族従業者。ということは、そこらへんにある八百屋さんとか文房具屋さんも、株式会社の形態をとっていれば、資本家になる。

「新中間階級」。専門管理、事務に従事する被雇用者。女性と非正規の事務を除外。本書の読者にも、新中間階級に属する方が多くいると思う。

それから、労働者階級の中の「正規労働者」。専門管理、事務以外に従事する被雇用者。

それから、「旧中間階級」。従業先規模が5人未満の経営者、役員、自営業者、家族従業者。

そして、労働者階級の非正規労働者である「アンダークラス」。

それじゃぁ各クラス（以後、労働者階級はそれぞれ「正規労働者」「アンダークラス」などと表記する）の特徴について、彼の説明を見てみましょう。

＊資本家階級／『新・日本の階級社会』Ｐ80～84参照

資本家階級には、「自分は幸せだ」と考える人が多い。

資本家階級は、２５４万人で、**就業人口**の４・１%を占める。女性比率は23・６%で、５つの階級の中で一番小さい。大部分が小零細企業の経営者である。従業員規模が５～９人が41・７%。10～29人が32・１%。２つ合計すると73・８%。だから、30人未満の企業の資本家が73・８%。週平均の労働時間は45・１時間。で、男性の労働時間は49・０時間になっている。女性は37・４時間。

この資本家階級の平均個人年収って、どれくらいだと思う？ 意外と少ないんだ。６０４万円。これは資本家階級というものの一般的なイメージからすると、意外に低い。これには２つの

就業人口
職業に就いて収入を得ている人間の数のことで、就業している就業者と就業していない休業者の２つに分けることができる。

理由がある。1つはもちろん、小零細企業の経営者が大部分を占めるので、従業員規模30人以上に限れば、個人年収は、861万円とかなり高くなる。でも個人年収861万円だ。ということは、資本家というのは、このカテゴリーで分けると、そんなに報酬を得ているというわけではないっていうことだ。

それからもう1つの理由。ここが面白い。低収入の女性がかなり含まれている。資本家階級の女性の平均年収は、296万円に過ぎず、その大部分は夫も同じく資本家階級だ。すなわち、夫婦で企業の役員とかなっていても、配偶者、女性の配偶者に関しては極端に低い報酬で働いているっていう実態があるわけだ。つまり、家族経営の小零細企業で、夫が中心になって経営を行い、妻が役員といいながらも、少ない報酬で働いているというケースが多いわけだ。

それだから、世帯収入っていうことになると、男性の側からの世帯全部の収入ってなると、1070万円。女性の側からも

1039万円とあまり差がない。で、従業員規模30人以上に限れば、平均世帯収入は、1244万円と、かなり高くなる。

貧困率というものがある。貧困率っていうのは、中央値の半分以下だからね。平均値ではないよ。なんでこういうとき、平均値をとらないのか？　それは、極端な大金持ちがいると、平均値ってグッと上がっちゃうでしょ。だから一番数の多い人がいる、中央値をとるわけ。中央値の半分以下が貧困率だけれども、資本家階級の貧困率は4・2％。これは低いです。ただ、高いのはね、平均資産総額、4863万円。とくにその中でも、他の階級の人たちと違うのは、金融資産の額が多いこと。2312万円ある。え？　みなさんも、2312万円ぐらいあるって？（笑）

でもね、総資産が1億円以上あるっていう人は、16・4％いるんだよ。で、資産が全然ない資本家ってどれくらい？　っていったら、3・5％。まぁこれ無視してもいいくらい、少ない。

貧困率
世帯所得から国民一人ひとりの収入を計算して並べたときに、ちょうど真ん中となる人の金額の半分に満たない人の割合。

全体として見れば資本家の収入は安定している。

それから株や債券を所有している人、どれくらいかっていうと41・0％。他の階級を平均しても16・5％。ということは、株価が上がるとか、株価が下がるとかいうことは、資本家にとっては意味があるんだけれども、それ以外の人にとっては、あんまり関係ないってことだよね。

あと、家財等で持っているものが多いもの。一番多いのが食洗機48・7％。食洗機のある家っていうのは、資本家のシンボルなんだね（笑）。ピアノ38・7％。美術品・骨董品27・1％。スポーツ会員権21％。ほとんど行かないんだろうけれどね。普及率の低いものや高額なものの所有率が高いそうです。

それからあと、有配偶者率が高い。しかし男性でも、未婚者は12・9％いる。高等教育を受けた人の比率は42・3％。これは最高じゃないんだよ。次にいう新中間階級の方が、高等教育を受けている比率は、高い。

じゃぁ、仕事や生活に満足してる〝自分の満足度〟についてはどうなのかと。仕事の内容に満足している人の比率は47・7%。生活に満足している人は45・1%。これには、どちらかといえば満足している人を含めていない。完全に満足している人だけ。それから自分を人並みより上と考える人の比率、それから、自分は幸せだと考える人の比率もやっぱり高いわけだ。

政党はどこを支持していると思う？　47・4%が自民党だって。次の上は支持政党なし35・1%。安倍政権が長生きしている理由は、この人たちをカチッとつかまえているからだ。それはこの政権が、株価を上げているからだよ。だって株持っている人が41%もいるんだもの。それで金融資産が零細も含めて、2312万円もある。

＊新中間階級／『新・日本の階級社会』Ｐ85～87参照

1年で派遣切りになったからといって、そこですぐに契約結婚の19万4000円にいく!?

新中間階級は、1285万人、就業人口の20・6%を占めるんです。女性比率は32・6%と、実はそんなに高くないんだな。女性の場合、大学や大学院を出ちゃうと、新中間階級でいくか、アンダークラスか、どっちかしかない。

だから、ドラマ『逃げるは恥だが役に立つ』の世界になるわけだ。前にも述べたけれど、私は大学で講義をするときに、『逃げ恥』の第1回目のはじめの15分部分を学生たちに見せます。それで、みくりちゃん（新垣結衣）が出てきて、大学卒業したときの事情を、テレビ番組の**『情熱大陸』**の雰囲気でやるでしょ。

『情熱大陸』
スポーツ、演劇、音楽、学術などあらゆる分野の第一線で活躍する人物にスポットを当て、その人の魅力や素顔に迫るドキュメンタリー番組。

大学を出た後、就活に失敗して大学院に行って、臨床心理士の資格をとりました。しかしそれでも就活はだめ。その後、派遣でいくんだけれど、上司のマグカップ洗いとか、労働に入っていないけれど、そこまでやらないといけない。その上、大学院卒なんだっていうことで、**派遣切り**にあってしまう。

これ見て学生たちに議論させる。「どうして、みくりはこういう風になったと思う?」と。そうしたら、私が教えている同志社大学神学部の学生は優秀だよね。こんな答えがくる。「それは就活を甘くみていた。それからその後、大学院卒が活きない資格を取得。臨床心理士の資格を持っていても職場は精神科医におさえられちゃっている」。「実際問題として、就職の可能性は高くないということを少し調べりゃわかるのに、この人調べてない」「しかも派遣先に行って大学院卒だ、修士を持っているということを鼻にかけた」。「こういう人が一番最初に切られる」だから、ガッキーに好意を持つ学生はほとんどいなかった。

派遣切り
経営悪化などを理由に、企業が派遣契約を一方的に打ち切り、派遣社員が職を失うこと。

だいたい、1年で派遣切りになったからといって、そこですぐに契約結婚の19万4000円にいくっていう、その発想自体が短絡的過ぎだ。こういうことでみんな非常に、ガッキーに対しては厳しいわけ（笑）。

でも私は、その先もう1つ昔の、ドラマを紹介した。これを知らない学生が多いんだな。**『ずっとあなたが好きだった』**。昔の恋人と結ばれなかったヒロインが、マザコン男と結婚するんだけれど、夫や姑の身勝手な振る舞いに耐え切れなくなって、昔の恋人とヨリを戻すというストーリー。このドラマには、あの冬彦さんが出てくる。佐野史郎が、この冬彦さん役で、マザコン男。そして冬彦さんの母親役が、2017年に亡くなった野際陽子さん。冬彦さんは、極端なマザコン男で、東大の経済学部卒、趣味は昆虫採集、銀行員っていう設定だよね。それで初恋の女性を賀来千香子がやったのだけれど、それを追いかけていつまでも……そしてやっと結婚すると……。こういう感じ

『ずっとあなたが好きだった』
東大卒、エリート銀行員ではあるが極端なマザコンという男性と、昔の恋人と結ばれず、父親の強引なすすめで見合いをした女性の結婚生活を描いた1992年放送の恋愛サスペンスドラマ。

なんだけれども、佐野史郎は、このドラマがあまりにも当たってしまったために、マイナスのイメージがついて、コマーシャルが全然こなかったという。

ただ、冬彦さんと『逃げ恥』で星野源がやっているヒラマサさんって、ほぼ一緒じゃない？　京大の工学部卒で、システムエンジニア、プロの独身、35歳、もちろん童貞（笑）。こういう設定でしょ。みくりとのセックスに関してもヒラマサさんは何度も逃げて、ようやくベッドに入ったのだけれど、うまくいかなくて、それで駆け足で、川の方に逃げていくシーンがあった。そして、そのときを思い出して、あの、ドクロマムシターボっていう、強精剤を友だちに返しちゃったのが失敗だったっていう、反省をしているわけ。それからママがつくってくれた瓦そばは全部食べないと……お父さんが食べなかったから、というシーンから、これは、冬彦さんによく似たキャラだと思う。

ところが星野源は、あんなに人気がある。好感度が高くて。「この差はどういうことなのか」と神学部の学生たちに聞いてみた。そうするとうちの学生たちはいうわけね。「これやっぱり時代の変遷ですよ先生。なんでこのヒラマサさんがいいかっていうと、まず、スペックがいい」と。そのスペックがいいのは「リストラにあったけれど、2週間で、給与2割減るだけの新しい会社を見つけることができた」と。この**高スペック**。「これと結婚していれば絶対に飢えることがない」（笑）

でも、それだから、あの結婚、失敗するんだよね。覚えてる？あのシーン。「結婚しましょう」といって、プロポーズするじゃない、横浜の高級フレンチで。その理由っていうのは、実はリストラにあって……それで今、19万4000円で契約結婚しているよりも、実際の結婚をして籍を入れた方が、経済的にずっと浮くんだといって。そうしたら、みくりちゃんが怒り出して、「それは好きの搾取です」と「愛情の搾取には断固反対します」といって、結婚話が、流れちゃうよね。

高スペック
電子機器などの性能が高いことなどを意味するが、有能な人間に対しても使用することがある。高スペック（ハイスペック）男子という場合もある。

でも、いうわけだ。「しかし、ヒラマサさんって、浮気しそうにない」って。それだから今、引っ張りだこじゃない、星野源は。

じゃぁ、なんで佐野史郎と星野源で、こんなに差が出てくるの？　それは、キャラはだいたい同じような設定にしているんだけれども、これは時代の変化なんだと思う。

だからたぶん『逃げ恥』を今から30年前にタイムマシーンで持っていって、当時の日本人たちに見せたら、みんなゲッていう感じになったと思うよ。

〝休まず〟〝遅れず〟〝働き過ぎず〟三原則に従って生きられる世界もある。

新中間階級は1285万人で、就業人口の20・6％、女性比率は32・6％。同じ被雇用者の正規労働者やアンダークラスと比較すると、29人以下の小零細企業に勤務する人の比率が16・

1%と低く、官公庁が20・6%と多いのが特徴的だ。

週平均労働時間43・4時間。男性に限っても45・8時間だから、一般的なイメージほどには長くないといっていい。女性は39・3時間。

いや、官公庁が長いっていったって、これは霞が関だけだから。でも霞が関の場合は、国会待機があるから長い。国会の質問って、みんな、どうやってやっているか知っている？　閣僚がスラスラこたえているでしょ？　事前に、質問は全部政府委員室でとってきて、それを集約して、その後、各省庁で割り振るわけだ。

それで霞が関（官界）には、**権限争議**っていうのがある。経済産業省は少しでも経産省に関わりそうなことがあったら「自分のところに担当させろっ」て騒ぐわけ。あるいは相議《あいぎ》っていって「相談の相手にしろ」という。これに対して外務省は、極力他の役所に関わりそうなことだったら「押しつける」ってい

権限争議
国家機関などの権限の争いのこと。お互いに権限を主張する場合は、積極的権限争議、どちらも権限がないと主張する場合は、消極的権限争議という。

う、消極的権限争議をする。とくに私のいた情報部局なんていうのは、極力、国会答弁を引き受けないっていう、そういう仕事だったからね。1回だけひでぇ～のに当たったのだけれども、これは私が研修生の時代。情報調査局情報課にいたときに「太平洋戦争の開戦通告の遅れに関して、説明せよ」っていう、そういうのがきて、それを北米一課とか、外交史料館とか、全部が断って、これ、情報の遅れの問題だから、情報課だろって（笑）。それで、当時の資料がないのでよくわからないっていう答弁書を書いた。

でも、こういうのがあって、それで答弁書を書くでしょ。そしてその後、各省庁間で、権限争議をするわけだ。それで調整して、決裁を経て、総括審議官っていう、官房長のすぐ下にいる国会担当官の決裁をとって、それをまとめて製本すると朝の4時くらいになる。それで朝の8時から勉強会。そういうような体制でやるから、朝9時くらいに出てきたって、午前中は、机の上で寝てるよね。それで昼過ぎたくらいから、ようやく新聞を読みはじめるとかそういう感じだから、あれは長時間労働っていったって、シフト制にすれば解決する問題だ。

あと外務省の場合、時差の問題がある。ロシア（モスクワ）の場合は時差が6時間だから、そうすると重要な情報が入ってきはじめるのが、午後の6時くらいからだ。それだからどうしても、ロシア課員は午前3時までいないといけないことになる。でも中央官庁を除けば、公務員って、三原則があるからね。〝休まず〟〝遅れず〟〝働き過ぎず〟っていうこの三原則に従って生きることができる世界だから。

そこそこの企業に入って、終身雇用。モデル崩壊といっても、かなりの安定を確保できる。

新中間階級の平均個人年収は499万円。正規労働者より129万円高い。これは、年齢や勤続年数による収入の伸びが大きいことによる部分が大きい。要するにまだ、新中間階級は、大学を卒業して、いわゆるホワイトカラーになっていく世界、あるいは、いわゆるエンジニアになっていく世界であり、**年功序列制**がある。それだから、毎年、賃金が上がっていく。それだから、正規労働者になるのと、新中間階級になるのとで、20代ではほとんど差がない。それなんだけれども、30代、40代、50代になるとググッと差が開いていく。でもこれは、主に男性にいえること、っていう話です。

年功序列制
戦後にできたシステムで、勤続年数や年齢に応じて役職や賃金を上昇させる制度。実働部隊の若年層は、管理する側である年長者層に比べて賃金が抑えられているが、いずれは若年層も管理職に昇進、賃金が上昇する。

女性の平均年収は338万円だ。平均世帯年収は798万円。ちなみに世帯年収を男性の方から見た場合、奥さんと合わせたら、804万円。女性から見た場合、788万円。男女比は小さく、貧困率は、資本家階級より低いんだ。貧困率はわずか2・6%。女性では4・6%。男性に至っては1・6%。貧困のリスクっていうのが、非常に少ない。

そうすると、大学を卒業して**終身雇用**で、そこそこの企業に入るっていうモデルは、今や崩れかけているといっても、そこにいくと、かなりの安定と、安全は確保できて、貧困に陥るリスクも少ないっていうのが事実。だから就活は重要で、みくりちゃんのようなことをやってはいけない。

高収入で食洗機を持っている新中間階級は、大卒で情報機器を上手に使いこなす。

終身雇用
企業が従業員を定年するまで雇用する制度だが、法律などで明確にルールが定義されているわけではなく、各社が自社努力で取り入れている。日本では多くの企業で慣行となっていたが、維持できなくなってきている。

家計資産どれくらいあるか、2353万円。ただね、6割が持ち家などの、不動産。持ち家がない人は、935万円しかない。家財等は、やっぱり一番多いのは、食洗機だ（笑）。食洗機っていうのは、今や、豊かさの象徴なんだね。食洗機41・5％。ピアノ32・8％。資本家階級より低い。あとねパソコン、あるいはタブレットを持っている人は、どれぐらいいると思う？95・2％。それから自宅に高速インターネット回線、これを引いている人。なんと76・7％。情報関連の機器設備の所持率は、資本家階級を上回っている。

有配偶者率は、男性が8割。女性で7割。未婚者は2割前後。学歴は、すべての階級の中で際立って高く、大学教育以上を受けている人が61・4％。ということは裏返していうと、新中間階級に入るためには、大学を出ている必要があるっていうことになる。

仕事に対する満足度は、資本家階級ほど高くないけれども、高いと。自分が人並みより上と考えている人は42・8%。それから自分が幸せだと考えている人は64・1%もいる。

でも、政治的にはね、あんまり保守的じゃない。自民党支持は27・5%。それから当時の**民主党**が6・0%。なんと共産党支持が2・6%もいる。それから、この中の人たちは、労働組合への組織率が高く、28・9%は労働組合に入っている。

だからイメージとしては、教育水準が高い、大学出てて、情報機器を上手に使いこなして、収入がかなり多い。で、豊かに生活する人。しかも政治的には、だからといって今の自民党政治がいいよと思っているような人たちではない。必ずしも保守的じゃない。こういう人たちだ。

民主党
1998年に結党、2016年に解党。自民党が保守、中道右派を自認するのに対して、民主党はリベラル、中道左派の政党と位置づけられていた。09年に政権交代を実現したが12年、野党に逆戻り。低迷したまま再編、改称、16年に幕を下ろした。

＊正規労働者／『新・日本の階級社会』Ｐ87～89参照

意外と現状に対して、満足している女性正規労働者は、夫が新中間階級ということもある。

3番目、正規労働者。やっぱりここボリュームゾーンだからね。正規労働者は2192万人で、就業人口の35・1％を占める。最大規模の階級だよ。採用規模は、小零細企業から大企業まで、まんべんなく分布している。

週平均労働時間は44・5時間。ただ、今いっている労働時間っていうのは、**サービス残業**とか、実際している場合でも、申告していることがある。そういう前提で男女別に見ると、男性が46・7時間。女性が41・4時間。男性で40時間を超える人は57・7％。それで21・2％が50時間を超えている。ちなみに新

サービス残業
企業が支払うべき残業代を正当な理由なく支払わないで、従業員を残業させること。

中間階級では、50時間を超える人は18・5％。だから新中間階級も結構、長時間労働はしているわけだね。

じゃぁこういった正規労働者の平均個人年収どれくらいだろうか？　370万円だ。しかし、男女差が大きい。男性は421万円であるのに対して——これだったら新中間階級と変わらない——、女性は293万円。平均世帯収入で、男性の方から見ると596万円であるのに、女性の方から見ると687万円で、女性の方が多くなる。ということは、正規女性労働者の夫っていうのは、管理部門で働いている新中間階級っていうことがけっこうあるっていうことだと想定される。

有配偶者女性、結婚している女性だけに限ると、世帯年収は763万円。悪くない。有配偶者の場合は実は、これから出てくる旧中間階級よりいい。貧困率も、実は高くない、7・0％だ。男性7・0％、女性6・9％と、男女差もほとんどない。

平均資産どれくらい持っていると思う？　1428万円。資本家や新中間階級に比べると少ない。資産の大部分が持ち家などの不動産で、持ち家のない人は406万円。食洗機はあんまりない（笑）。高速インターネット回線は61・4％。ピアノも20・4％しか持っていない。ただね、仕事や生活への満足度はけっこう高く、自分を人並みより上と考える人も26・5％いるし、重要なのは自分が幸せだと考えている人が52・6％もいる。

自民党の支持率24・1％。これもあんまり高くない。でも野党も支持しない。労働組合の加入率も高い、38・9％だって。それだけれど、民主党は嫌い。民主党支持率4・7％。共産党支持率も1・7％。これ全体の平均より低い。ということは、正規労働者は、新中間階級よりも、**左翼**や**リベラル**を嫌っているっていうことだ。だから正規労働者っていうのは、意外と現状に対して満足しているっていうのが、この橋本さんの研究から読み取ることができる結論だ。

左翼
急進的な人や政治勢力。革命運動、社会主義、共産主義、アナキズムなどを支持する人などを指すことも多い。語源は、フランス革命のときに議席から見て左側に座っていた議員グループが急進的政治勢力だったから。

リベラル
自由主義者。現下日本の文脈では、中道左派勢力の総称。左翼と呼ばれたくない人たちも自称している。

*旧中間階級／『新・日本の階級社会』P93〜95参照

貧困率が高まっていて、生活への満足度が低いのに、政治的には保守。

次は、旧中間階級。旧中間階級は、自営業者と、家族、従業者から成り、総数は806万人。1960年ごろまでは、5つの階級の中でこれが一番多かった。ところが今では、就業者の12・9％まで小さくなって、女性比率は33・8％。だけども、男性の94・5％は経営者、あるいは個人事業主なのに対して、女性は50・9％。要するに家族従業者になっているのがほとんどだ。

平均個人年収は低い、303万円。男性が384万円に対して、女性はなんと174万円だ。でもこれも、考えてみると、お父さんが個人事業主で、**青色申告**で、奥さんが家族従業員っ

青色申告
納税者自ら所得金額と税額を正しく計算して納税する申告納税制度のこと。青色申告ができる人は、不動産所得、事業所得、山林所得がある人。

ていうかたちになっていると、こういうことになるわけだよね。

平均世帯年収になると、587万円で、正規労働者と同じくらい。ただね、内部の格差がすごく大きい。下の方の旧中間階級っていうのは相当貧困なんだ。貧困率が17・2％もある。貧富の差が大きい。

それにもかかわらず、平均家計資産は2917万円もある。食洗機も29・3％。そんなに所得が高くないにもかかわらず、スポーツ会員権は8・0％。美術品・骨董品が16・5％。このあたりは資本家階級に近い。

それから、「一国一城の主」っていう意識が強くて、収入は低いのに、仕事に満足している人の比率は高くて、41・4％。しかし、生活にはあんまり満足していない。仕事については、いい仕事で、その仕事を天職と思っている状態。だんだんだんだんこの旧中間階級が、貧困に近づきつつあるという現実が重要だ。

それにもかかわらず、自民党支持率は35・5%。政治的には保守的。自民党にとっては、すごく重要な支持基盤だよね。民主党支持は6・8%、共産党支持は3・3%。共産党支持者が多いのは**民主商工会**があるからだと思う。それで税金のコンサルしてくれるから、そのへんのところで支持者がいるのだろう。でもどんどんどんどん小さくなってきている。そういうところで、それに対してぐんぐんと伸びているのが、アンダークラスだ。

＊アンダークラス／『新・日本の階級社会』P89～93参照

新中間階級や正規労働者の仕事を下支えしているが、貧困率は高い。

アンダークラスは、パート主婦を除く非正規労働者で、みんなでどれくらいいるか？ 929万人もいる。旧中間階級が

民主商工会
小企業や家族経営の営業や暮らしを支え合う共産党系の中小業者団体。記帳、税務調査、融資、開業、税金などの相談にのったり、勉強会を開催したりしている。

806万人だから、それを上回っている。就業人口の14・9%。7人に1人だ。だから今はもう日本社会で、欠くことができない、それぐらいの比率になっている。

2002年には、691万人しかいなかった。今から17年前。今から12年前の2007年には、847万人に増えた。ということは、右肩上がりで激増している。しかも女性の比率が高く、43・3%。企業規模は、中小零細から巨大企業まで、全部ある。

職種は、男性ではマニュアル職。マニュアルに基づいてできる仕事。特段の自分の判断がいらない仕事57・9%。残りは、サービス業と販売が多い。女性では事務、販売、サービス、マニュアル職がそれぞれ4分の1ずつだそうだ。具体的に見てみよう。2015年の調査では、販売店員、総務・企画事務員、料理人、給仕係、清掃員、スーパー等のレジスター・キャッシャー、倉庫係、営業・販売事務員、介護員・ヘルパー、労務作業員、この10職種は、多い。だから、さまざまなビジネス、新中間階級や正規労働者の仕事を下支えする、さまざまなサービス職とマニュアル職に、このアンダークラスの人たちはついている。

週平均労働時間は36・3時間。短いように見えるんだけれども、実際には、全体の50・9％、男性の場合57・1％、女性の場合45・9％が週40時間以上働いている。だから実際は、労働時間の上では、フルタイムの人と変わらない人が、過半数なわけです。

早く死ぬ男を見つけてはいけない。離婚には耐えましょう。

じゃぁみんな、平均個人収入はどれくらいだと思う？186万円。平均世帯所得は343万円だけれど、これはね、シングルが多いからなんだ。**パラサイト**しているから。親の年金とか、それと合わさった計算になるから、本人の平均個人収入は186万円だけれども、世帯収入が343万円。で、この平均世帯収入も、63・8%は350万円未満。24・1%は200万円未満。

貧困率が、異常に高い。中央値の半分以下が38・7%。女性ではどうだと思う? 48・5%。さらに、夫と離婚する、あるいは夫と死別した女性の貧困率は63・2%。だから、早く死ぬ男と結婚してはいけないということになる。あと離婚には耐えましょう、みたいな話になってくるかもしれないな。貧困率の63・2%っていうのはとても厳しい。

だから、この国が**女性の活躍**とかいったたって、構造的にいかに女性に対して冷たい国なのか。とくにシングルの女性に対して。夫と死別、あるいは何らかの事情があって離婚して、特別の専門的な技能を持っている、弁護士とか、公認会計士とか、

パラサイト
成人しても親と同居、経済的に寄生して面倒を見てもらっている独身の子どもをパラサイト・シングルともいう。

女性の活躍
男女共同参画社会の実現を目指す安倍政権は〝女性が輝く社会〟を目標に掲げているが、女性の活躍、労働参加は進んでいない。

医師とか、そういうような技能を持っている人以外にとって、シングルになったときのリスクが極端に大きい。

シナリオライターを夢見て、会社を辞めちゃった。でも仕事がほとんどこない……。

サブカルの視点でいうと、ドラマ**『東京タラレバ娘』**の世界だ。あれは漫画の方が面白い。漫画で、女性の結婚の時期っていうのは3回あるという。1回目は、23〜24歳のころ。高校・大学で付き合っていた相手と、結婚する。そのときに客として結婚式に行く人たちっていうのは、美容院に行って髪の毛を整えて、ドレスを新しく買う。次に30代、30歳前後くらいにもう1回結婚ブームがくる。これは、職場で見つけた男と結婚するんだけれども、冷静に見て、女と比べて男の方が、だいぶスペ

『東京タラレバ娘』
高校時代からの親友で恋も仕事もうまくいっていない3人が「こうしていたら」「ああすれば」と仮定の話を酒の肴に、女子会を繰り返す。2017年放送のアラサー女子あるあるドラマ。

ックも落ちるし、容姿も劣る。しかし、このへんで結婚しないとまずいということで、決断する。客としてそこに行くときは、髪は自分で整えて、ドレスは持っているもののありあわせのもので行く。さらにその次が、35歳。35歳前後のときの男を見つけるときの条件は、3つあると。人間で、生きていて、死んでいないない（笑）。でも、こういうような表現が、アンダークラスの実態を反映しているわけだ。

タラレバ娘の3人というのは、1人は、シナリオライターを夢見て、制作会社を辞めちゃったけれど、仕事がほとんどこない。もう1人は、ネイルサロンをやっている。それでもう1人は、居酒屋で父親の手伝いをしている。それだから、とくに主人公になっている1番目が、アンダークラスになるわけだ。

だからアンダークラスの男性は、いつも怒っている。

平均資産総額は1119万円。でもこれも、ほとんどが持ち家の価値なんだ。持ち家のない人は、315万円。資産がまったくない人の比率ってどれくらいだと思う？　資産ゼロが31・5％。食洗機は持っていない（笑）、でも、風呂と冷蔵庫と電話はある。

それで、何よりも際立った特徴は、男性での有配偶者が少なく、女性で離死別者が多いこと。みなさん、男性の有配偶者率って、どれぐらいだと思う？　25・7％に過ぎない。アンダークラスにいくと、4人に3人は結婚できないっていうのが、現実なんです。ですからアンダークラスに入ってしまうと、結婚して、家族を形成することが、かなり難しくなる。

女性の場合、既婚者は定義の上ではパート主婦に含まれるんで、アンダークラスにいる女性っていうのは、全員無配偶者なんだけど、離死別者の比率が年とともに上がる。20代で11・5%、30代で37・5%、40代でどれくらいだと思う？　60・9%。そして50代で80・0%。だから未婚のまま、ずーっとアンダークラスでくる女性もいるんだけれども、既婚女性が、夫が死んでしまった、離婚したっていうことによって、アンダークラスに流入してくるっていうのが非常に多いということ。

仕事や生活への満足度は、おしなべて低い。仕事の内容に満足している人は26・3%。生活に満足している人は、わずか18・6%。男性で仕事に満足している人は18・4%。これに対して女性は、32・8%が満足している。生活に満足している男性は13・8%。女性は22・5%。

こういう状況で自分も人並みよりも上と考えている人は、11・9%しかいない。とくに男性では6・0%。女性では16・

8％。自分は幸せだと考えている人は、それでも38・4％いる。男性は30・2％、女性は45・3％。だからアンダークラスの男性は、いつも怒っている。強い不満があるから。

自民党支持率は15・3％。支持政党なしは67・9％。こういうことだよね。

このアンダークラスの実態を解明したことが、『新・日本の階級社会』という作品の大きな意義だと思う。

それからあともう1つ、じゃぁ、このアンダークラスにならなくて自分たちはハッピーだと思っている人たちに対しても、そうじゃないよということを、この本では非常に強調しているわけです。

＊社会的コストの増大／『新・日本の階級社会』P263〜参照

貧困層が増えれば、税を払うことができない人も増大する。

『新・日本の階級社会』（講談社現代新書）、263ページから ね。

アンダークラスと貧困層の増加は、これらの人々に生存権をはじめとする人権が十分に保障されていないという点で、それ自体が問題である。しかし、問題はそれにとどまらない。アンダークラスと貧困層の増大は、社会全体にさまざまな問題を引き起こすからである。

世界各国で行われている研究によれば、一定以上の所得水準を実現した先進諸国を比較した場合、格差が大きい社会ほど、

生存権

この権利は、日本国憲法第25条に定められている。第1項すべて国民は、健康で文化的な最低限度の生活を営む権利を有する。第2項　国は、すべての生活部面について、社会福祉、社会保障及び公衆衛生の向上及び増進に努めなければならない。

格差が小さい社会に比べて平均寿命が短くなる傾向がある。その理由の一部は、格差が大きいと貧困層が増加すること、そして貧困層は健康を害しやすく、また十分な医療を受けられないことである。しかし、それだけではない。格差が大きいと、貧困層以外の人々の寿命も引き下げられるのである。なぜか。専門の研究者たちは、次のように説明する。

一定以上の所得水準を達成した人々にとっては、所得の絶対的水準ではなく相対的水準、つまり他人より所得が高いか低いかということが重要になる。たとえ生活に不自由がなくても、他人より大幅に所得の低い人々は、強い不満をもち、より豊かな人々に対して反感をもちやすい。このため、たとえ豊かな社会でも、経済格差が大きいと、多くの人々は公共心や連帯感を失ってしまう。人々の間には友情が形成されにくくなり、コミュニティへの参加も減少する。このため犯罪が増加し、また精神的ストレスが高まることから健康状態が悪化し、平均寿命は

引き下げられる。つまり人々の健康状態は、平等な社会ほどよく、不平等な社会では悪いのである（リチャード・ウィルキンソン『格差社会の衝撃』など）。

こんな状況だったら、労働者は無表情になるに決まっている。愉快なはずないじゃん。そういう風になってくるわけだよね。

格差が拡大し、貧困層が増大しても、あいかわらず豊かな生活を送っている人々は多い。しかし、そんな人々にとっても、格差や貧困は決して人ごとではない。格差が大きく、貧困層の多い社会は病んだ社会であり、病んだ社会では犯罪が増加し、豊かな人々も含めて健康状態が悪化し、死亡率が上昇するのである。

次が、すごく重要なことだけれども……こういう調査をやっぱりやっているんだね。日本のシンクタンクは。

また貧困層が増えれば、税を払うことができない人が増大し、同時に社会保障支出が増大する。ここから生じる社会的コストは、どの程度になるだろうか。総合研究開発機構（ＮＩＲＡ）は、次のような試算を行っている。若者非正規労働者が激増しはじめたのは、いわゆる「**就職氷河期**」と呼ばれた時代である。この時期に社会に出た若者たちの一部が、そのまま非正規労働者にとどまり、今日のように巨大なアンダークラスが形成されたのだった。

ＮＩＲＡは、この世代が老後に生活保護を受けるようになった場合に、必要になる追加の費用を推計した。これによると、就職氷河期の到来は、２００２年までに非正規労働者と無業者を１９１・７万人増加させたが、そのうち77・４万人が65歳になった時点で生活保護の対象となる。彼ら・彼女らが残りの

就職氷河期
１９９０年代半ばからの10年ほど、バブル崩壊後、社会問題となった就職難の時期。非正規労働者が増加した。

生涯にわたって生活保護を受け続けたとすると、その費用は17・7兆円から19・3兆円になるという（総合研究開発機構『就職氷河期世代のきわどさ』）。

日本の国家予算の4分の1だな、ということになる。ということになると、どういうことだ。実際は、社会福祉水準、生活保護できない。ということは、十数年後に、たぶん新宿住友ビルはあると思うけれど、そこに来るまでの、地下道のところ、そこには、かなりの数のホームレスがいるっていうことになる、これが東京の近未来の姿なんだ。それが数字の上からでは、明らかになっている。おどしてるわけじゃない。これが近未来の現実だ。

第4章

会社を辞めてはいけない

今の仕事を転職しようと思っている人。
やめた方がいい。
まず、転職した場合には、
元々の給料の7割になるっていうのが、
私が今まで見ているところの皮膚感覚。
それは、額面上の賃金は同じでも労働強度が強まっている。
だから2回変わると、約半分になる。
その後は変わんないけれど。

自己都合で転職をした場合、労働強度は同じで賃金が3割下がることもある。

転職は収入が3割下がるっていうのが現実と、私は見ている。なので2回転職をすると、約半分になる。給与は同じでも労働強度がそれだけ強まる。3回目以降は、それからそんなに下がらない。だから1回目、2回目っていうのは、3割ずつ下がるっていうことを経験則で見ておいた方がいい。そういう訳で転職するときは、よーく考えないといけない。

今より条件がよくなるっていうことが、例外的にはありうる。それは転職先の会社幹部があなたの能力を評価して、こういう条件でっていうかたちで引っ張ってくるときだ。そういった転職は考えた方がいいけれども、自分の方から自己都合で転職をした場合は、労働強度が強まって同じ賃金か、労働強度が強まって賃金が若干下がるか、労働強度は同じで賃金が3割下がるか。私の見たところではそういうのが実態だ。

尊敬できる先輩が1人もいなければ、その会社からは早く逃げた方がいい。

自分の会社が**ブラック企業**だと思う人は、ブラック企業なのか、それともそこは教育が厳しい企業なのか、若いうちはわからない。そのときの判断基準の1つになるのは、自分より上の人を、5年ずつ輪切りにしていく。5年、10年、15年、20年、25年目まで。

だからもしあなたが今25歳だったとしたら50歳までの人。30歳だったら55歳までの人。その輪切りにしている中で考えて、尊敬できる先輩が1人もいなければ、ブラック企業と考えていい。早く逃げた方がいい。その中で何人か尊敬できる人がいる

ブラック企業
2012年刊行の文春新書『ブラック企業—日本を食いつぶす妖怪』（今野晴貴）が出版されて以降定着。行政、国会、学会などで公に使用されるようになった。それ以前は俗語として、インターネット上などで使用されていた。

ならば、その会社にいる意味があると考えた方がいい。

師弟関係を構築して、感化されるような
そういうような人間から人は影響を受ける。

今、企業や官庁の新人教育担当者は大変なんだ。**電通過労自殺**の一件があって以降、新人を5時に帰さないといけないわけでしょ。官庁は、ごまかしているけれども、実際総合職で幹部要員になる人間が、1〜3年生ぐらいのときに、毎日数時間の教育を、追加的に受けないで必要なノウハウを身につけることは絶対に無理だ。そうすると結局は「うまくやれ」っていうようなことになる。もっとも「うまくやれ」っていうかたちで残業させていることが露見すると、処分される可能性があるから、教育を放棄している企業や官庁もけっこうある。

いずれ総合職の新人教育は旧来のかたちに戻っていく。ただ、

電通過労自殺
2015年12月25日、電通で働いていた新入社員が、同社の女子寮から投身自殺した。女子社員は、自殺直前の1カ月間に、過労死ライン(月80時間)を超える100時間以上の残業をこなしていた。16年9月30日、三田労働基準監督署はこの自殺を労働災害であると認定。

今は怖くてできないっていうのが、企業や官庁の教育担当者の本音だ。そうするとこの数年間に、新入社員になった人、役所に入省した人は、教育を受けないまま、育っていく可能性がある。そうなると先にいって伸びない危険性がある。

だから中間管理職的な立場に立つ人が、新入社員たちの教育をどういう風にするかを真剣に考えなければいけない。それから、新人に教育をしても逃げちゃうからうんぬんっていうようなことをいう人がいるんだけれどもね、それはね、人間的な感化を与えられていないからだ。

大学教育でも企業教育でも、あるいは医師や弁護士に関しても、教育の基本は、師弟関係を構築して感化を与えることだ。そういうような関係にある人から、若手は影響を受けるわけだ。ちょっと変な例を出すよ。

誰にもいわれたくないような秘密がある人は、自発的に協力しちゃう。

よくさぁ、スパイの獲得っていうと、たとえばな、モスクワのメトロポールホテルに泊まって、下のレストランで食事を終えて部屋に入ってきたら、部屋の中に突然、金髪の美女が寝ていると。裸で寝ていると。それでそこでアッと驚いていたら、押し入られて写真を撮られて、「お前、いいことをしていただろう？」「これがバレてもいいのか？」って脅されて、スパイを強要されるとかいうことは絶対にない。どうしてだと思う？

人間は、脅してくる人に対しては最低限の協力しかしないからだ。脅された人には自発的に協力しない。じゃぁ、どういうときに協力するの？

たとえばモスクワの日本大使館で、誰かが、商社員の奥さんと不倫しているとするでしょ？　そして2人で、酒飲んだ後、車を運転して交通事故を起こす。**秘密警察**は、その大使館員をずーっとつけてるわけだ。そしたら当然普通は、交通警察が来て事故処理をはじめるんだけれども、そのときに秘密警察が来て、もみ消してくれるわけだ。それで、何もそこでは要求しない。「ご縁を大切にしたいです、友だちになりましょう」と。「2カ月に1回食事をしましょう」と。それだけれども、食事をしているときも、事故の話なんかしないんだ。それでむしろ、仕事に役立つ情報をくれるわけ。つまり、向こうは少しでもこちらを偉くして、可能ならば外務省の幹部にして、それから回収しようと考えているわけだ。情報機関は長期的視点で行動する。そうすると、工作を掛けられている人は、相手を本当の友だちでよくしてくれる人と思っちゃう。そして自発的にどんどん協力していくようになって、最後まで自分が運営され、スパイ活動をしているっていうことに気づかないわけだ。かつて助けて

秘密警察
国家の反体制分子や外国のスパイなどの監視、摘発などを専門的に行う。一般の警察と異なり、私服姿で一般市民の中に同化して重要な任務を遂行する。主な組織に、KGB（ロシア）、CIA（アメリカ）、公安警察（日本）、モサド（イスラエル）、国家保衛省（北朝鮮）などがある。

くれたいい友だちでいて、それで脅しなんてひと言もいわない。向こうは人間の心理を操るプロだから、そういう稚拙な工作はしない。

あるいはね、商社員とか新聞社の社員で一番怖いのが、たとえば酔った勢いで、飲み屋で知り合ったお姉ちゃんとしけこんじゃった場合だ。売春は、ロシアで厳しく禁止されているが、買春の場合は捕まらない。ロシアでは、**性感染症**、具体的には、梅毒とか淋病の場合は、強制隔離する。これは法律で決まっている。それだから、「お前、2週間前に、どこどこで女性と同衾したな」と。「その女性が実は梅毒だった。それだから法に基づいて、あなたをこれから2週間隔離する」と。「ちなみに、職場にも通報するから」と、こういう風になるわけだ。あんまりかっこよくないよね。それで職場に通報されるとか、調子よくないよね。そうすると、そのときに、助けてくれる。「外国人だし、いろいろ事情もあるし、酔っていたんでしょ」と。「それだから、

性感染症
性行為で感染する疾患。病原体によって病状は異なるが、男性はペニスの発赤、かゆみ、排尿痛など、女性は帯下、外陰部のかゆみ、発疹などがあらわれる。

お医者さん紹介します」と。「それでそこのところで検査を受けて、仮に性感染症にかかっているんだったら、ペニシリン飲めば治りますから」「そこのところっていうのは、穏便に済ませますから」といって助けてくれるわけだ。それで、助けてくれたあと、何も強要とかなんとかしない。そうしたらね、誰にもいわれたくないような、そういった秘密がある人っていうのは、自発的に協力しちゃう。

ちなみに脅されたときはどうすればいいと思う？　自分の会社に報告すると不利益があるっていうようなときはどうする？　中国でもロシアでもね、警視庁の代表番号に電話して、外事課につないでもらう。電話は盗聴されている。中国もロシアも、捜査当局に知られないかたちで、協力者を運営することに意味があるから、日本の警察に知られてしまったら、そうしたらもう、スパイ活動をする意味がなくなる。向こうは別に腹いせで嫌がらせなんかしない。どうしてかというと、そんなに暇じゃない。まぁ、もっともそうやって警察と連絡をとると、今度は日本の警察の協力者にさせられる可能性が出てくる。だからどっちを選ぶかっていう話になる。まーそういったことに巻き込まれないようにすることが重要だ。

何か悩んだときは、人事課に直接駆け込まない方がいい。

それで何か悩んだときね、人事課に直接駆け込まない方がいい。たとえば、**セクハラ**でも**パワハラ**でも、事実があって音源があって、それによって訴えた人ならば1回は勝つ。

しかし、組織っていうのは、水が上から下へ流れるように物理の法則がある。組織は基本的に上に味方する。なので、そういった異議申し立てをした人間に関しては、わざとやるんじゃないんだが、ものすごく警戒して、それだけに、あらが目につ

セクハラ

性的嫌がらせのこと。これによって労働環境を害された場合、男女雇用機会均等法に違反するので企業は解決に向けた措置をとる必要がある。

パワハラ

社会的地位の強い者、上役が権限や地位を利用して、立場の弱い者、部下などに嫌がらせをすること。自覚のない加害者も多く、指導と思い込んでいる場合もある。

くようになるわけだ。

それだから私が今まで見ている、知っている範囲でもそれが数十件あるけれども、そうやって勇気を持って異議申し立てをしたら、だいたい人事処遇では、よい目にあわない。あるいは退職に追い込まれるようなこともある。

じゃぁ、ひどいことになったからといって泣き寝入りしろっていうのかと、それはそういうことじゃない。

反逆するものっていうのが、組織は本質的に嫌い。

セクハラとかパワハラに対して、やっぱり会社の実態を見た方がいい。セクハラ、パワハラを告発した場合、今の状態だと、必ずそれは、告発した側が勝つ。ただし1回だけだ。上に対して異議を申し立てる人を組織は本能的に嫌う。水が上から下に流れるようにして、物理の法則というのは、組織の中では、貫徹される。

そうすると、その件に関しては、よく告発したっていうことになるんだけれども、与えられている仕事のささいなミスが上司からは大きく見えるようになる。それで、2回、3回の人事異動が行われるうちに、外されていくことになるケースが多い。こういったところは、よく見ておかないといけない。だから企業のコンプライアンスといってもそれは、企業の組織の文化の中で行われる。アメリカだってね、アメリカだってセクハラ、パワハラはある、それがもぐっちゃって見えにくくなっているだけだ。

処分に関して組織には独自の論理がある。たとえば公務員の場合ね。免職、停職、減俸、などの処分があるでしょ？　私は**鈴木宗男事件**では、1回処分をくらったんだけれども、減俸20％1カ月だった。これで処分は終わったよって、人事課長にい

鈴木宗男事件

2002年、鈴木宗男氏が東京地検特捜部に、受託収賄罪、あっせん収賄罪などで逮捕・起訴された事件。北海道の建設業者から工事受注を依頼され合計600万円を受け取った（受託収賄罪）、また道内の製材業者から林野庁に口利きを頼まれ500万円を受け取った（あっせん収賄罪）などとされ、2010年12月から約1年間収監された。

われた。確かにその通りで、その後、逮捕された事件に関しては、処分されていない。裁判で有罪になったんだけれども、それでも、外務省から懲戒免職にならなかった。これは異例なんだけれども、要するに国家公務員法で、禁錮刑以上の刑が確定した者は、国家公務員の身分を失うっていう条項があるから、それで自然失職になったわけだ。早めに定年がきたのと同じ扱いだった。ただし退職金は法律に従って出なかった。

これはまぁ、いろいろな事情があるんだけれども、通常の場合には懲戒免職にするんだけれども、懲戒免職は行政処分だから一応争える。だからもし懲戒免職にしてきたら、そんなものは仕事でやった話だと、何も外務省に処分される筋合いはないといって裁判をしようと、私は準備をしていた。行政裁判で、4〜5年は引っ張れる。外務省の連中を法廷に呼んできて、思いっきりしめ上げてやろうと思った。でもうっかりそれを**東郷和彦**さんに話しちゃったんだね。だからね東郷さんね、外務省

東郷和彦

1945年生まれ。東京大学教養学部卒業後、外務省に入省。主にロシア関係部署を中心に勤務し、条約局長、欧亜局長、駐オランダ大使を経て2002年に退官。その後、ライデン大学、プリンストン大学、ソウル国立大学他で教鞭をとり、09年ライデン大学で博士号。10年より京都産業大学教授、世界問題研究所長。11年より静岡県対外関係補佐官。

の幹部に、「気をつけた方がいいですよ」と伝えたと思う。あともう1つ理由がある。私の裁判は、不思議なことがあった。

『石つぶて―外務省機密費を暴いた捜査二課の男たち―』っていうドラマあるでしょ？　ＷＯＷＯＷで放送された。あのドラマでは２００１年に発覚した、**外務省機密費流用事件**が描かれている。容疑者はノンキャリアの星と呼ばれた職員。着服した金で次々と愛人をつくって、競走馬を何頭も所有していた真瀬和則を北村一輝が演じているドラマだった。その中で、外務省が、警察庁に圧力をかけてきて、警視庁にいって、真瀬の横領事件――横領っていうのは、組織がからんでいるからね、権限から――を横領じゃなくて、立件は、詐欺にしてくれと。詐欺なら個人犯罪だから……という話だ。

私の件に関しても、それに似た話があった。背任っていうのは、自分が管理しているお金を第三者のために使ったというもの。自分は経済的利益を受けていない。横領っていうのは、自

外務省機密費流用事件
２００１年に発覚した外務省の元要人訪問支援室長（松尾克俊）による内閣官房報償費詐欺事件。在任中、松尾は46回の首相外遊を担当、機密費を受領して懐に入れ、競走馬14頭、サンデーサイレンスの種付け権、ゴルフ会員権、高級マンション、女性への現金などの浪費に充てた。松尾は懲戒免職にされ、内閣府大臣官房会計課長名で警視庁刑事部捜査二課に被害届を出されて、詐欺罪で逮捕された。

分の経済的利益だけれども、背任罪っていうのは、組織犯罪だ。外務省が法律を捻じ曲げるようなことを鈴木宗男さんが怖くてしたっていうのが、検察庁の立場だった。しかし、外務省はそれを認めたくなかったわけだ。それで外務省が主張したのは、佐藤が部下に書かせた決裁書の内容が嘘で騙された、外務省の決裁には何の問題もないんだと、こういう主張をしたわけだ。

そうしたら検察がね、「いや、佐藤は、外務省を騙すような人じゃないんだ」といって、彼は仕事を一生懸命にやっていたと。そういうような話をして、結局、外務省全体が、鈴木宗男におもねって起きた事件で、その中で私が一番主導的な役割を果たしたので刑事責任を負わせるが、外務省全体の責任があるんだってこういう立論をして、最終的に検察の立場を裁判所がとった。私を処分すると、外務省が犯罪に関与していることを認めることになる。だから外務省はこの判決を、認められなかった。こういう2つの要素が合わさってたと思うんだよね。でもいず

佐川さん

元国税庁長官の佐川宣寿。東京大学経済学部卒業。森友学園問題で事実確認や記録の提出を拒み続け、2017年7月、露骨な論功行賞人事で国税庁長官に異動したと話題になった。しかし、18年3月、麻生太郎財務大臣により懲戒処分とされ、同日依願退官、同年6月停職3カ月懲戒処分相当。

れにせよ、私は有罪が確定した事件に関しては外務省の処分を受けていない。

あの天下を騒がせた**佐川さん**だって、停職3カ月だ。「胸さわっていい？」「手縛っていい？」の**福田さん**だって減俸だ。ところがこの前、国家公務員法上の信用失墜行為があるっていわれた外務省のロシア課長は、9カ月の停職だ。しかも官房付っていうのは、異常だよ。通常は国家公務員の処分っていうのは相場観がある。6カ月を超えるとね、刑事事件相当だ。6カ月を超えると、停職6カ月同日依願退職になる。そしてその後逮捕っていう、そういう流れに。だいたい決まっている。9カ月で、官房付っていうのは尋常でない。セクハラ系だと報道がなされているが、このロシア課長は、そういうタイプの人じゃない。で、対露関係を発展させるのに積極的だった。本件について私は、穿《うが》った見方をしている。自殺の財務、汚職の経済産業、不倫の外務といってね、これ、3つの役所の特徴なんだ。だから財務

福田さん

元財務事務次官の福田淳一。東京大学法学部卒業。2018年4月、テレビ朝日の女性記者にセクハラ行為を行ったと週刊新潮に掲載された。セクハラ疑惑を受けて「職務を果たすのが困難だ」と辞任の意向を表明して、財務次官を辞任した。また、この疑惑については、一定の事実確認がなされ、退職金が減額された。

省は自殺が多いし、経済産業省は汚職が多い。外務省は不倫が多い。最近の外務省、自殺も汚職もあるから、三冠王みたいになっている（笑）。不倫は怖いんだよ。不倫が続いている間は大丈夫なんだけれども、ある段階で、それがこじれると、不倫がセクハラとされることがけっこうある。そういうときに、一方の言い分だけを聞いて、それをセクハラっていうかたちで処理されちゃうこともある。今回の件に関して週刊誌なんか、後追いとか少し出ているけれども、全然、説得力がない。あの外務省の、あのおしゃべりで噂話好きの連中が、今回に限ってだけ、秘密を徹底的に守ることができているっていうことが、1番目のシナリオだ。2番目のシナリオは、9カ月の停職になるような事実がないというもの。だから、痴情のもつれの話と、セクハラは違う。それであんまり気になるからある外務省出身の政治家を通じて外務省幹部に尋ねてもらった。その政治家は「私は外務省の応援団だと思っている。なんで新聞やネットでこういった話を知るのか。なんで事前に我々に伝えないのか。少なくとも外務省の応援団ですよ、OBでしょ、私」と外務省幹部に告げた。「いいえ、先生、おっしゃる通りなんです」。「これは被害者のある話で、被害者が特定されないのに、我々の方としては被害者の人権を何よりも大切にしているんです」という話だった。私にいわせれば「お前ら。いつからそんなに人権擁護団体みたいになったんだ」という突っ込みを入れたくなるよ。そしてその政治家は「彼は非常に優秀な人間だから、9カ月の停職のあとは一時閑職におくとしても、その後、彼を活躍させることを考えたらいいんじゃないか」っていった。「先生、まさにご指摘の通りに、私は個人的には、考えています。しかし世間が許しますでしょうか」というのが外務省幹部の反応だった。「それに彼は、極めて有能ですので、本人が欧州局長や駐露大使になることはないと思い込んで、外務省よりも民間で活躍したいと望んだ場合、我々はとめることができませんね」といったそうだ。要するに「出ていけ」って脅している。まぁ、こういう感じなんだよね、外務省という組織は。

だから、セクハラ、パワハラっていうのが、組織の権力闘争に用いられることがある。**ＭｅＴｏｏ**を利用するような勢力が組織内にあることを忘れてはいけない。

被害者なのか？　加害者なのか？　窓口を間違えないことが大切。

ちなみにね、これはある大学の、学生対策の職員の話を聞いていて面白いことがあった。今、過激な学生運動とか、カルトにはまるとかっていう学生は少ないんだ。そのかわりね、**マルチ販売**で、にっちもさっちもいかなくなる学生がけっこういるそうだ。

消費者金融、学生ローンから、数百万単位のお金を引っ張っ

ＭｅＴｏｏ
セクハラや性的暴力の被害体験を告白するために、ハッシュタグ（＃）をつけてSNSで使用されている。

マルチ販売
マルチ商法（連鎖販売取引）のこと。販売員として個人を勧誘、その個人に次の販売員の勧誘をさせることで、販売組織を連鎖拡大していく取引方法。

ちゃう。で、そういう相談が大学にくるとするでしょ。大学で処理できないよね。でも、警察の相談窓口に連れていったら、だめなんだって。なんでだと思う？　マルチで数百万円ぐらいの借金をしてはまり込んでいる学生は、必ず誰かにマルチをやらせて、自分が売りつけているから。

それだから警察に連れていくと、被害者としてではなくむしろ、加害者としての事情聴取になる。場合によっては刑事責任を追及されるような、状況になりかねない。

それだから消費者庁の系統の窓口がいい。そこのところに連れていけば、刑事責任の追及はしないが、問題処理は終わると。最初に窓口を間違えて警察に連れていくと、警察に追及されてしまう。結局大学というのは、別に犯罪を隠すっていうことじゃないんだけれども、学生の不利益があるような場所に学生を連れていってはいけない。ちなみに、その大学の場合には、その種の問題があるときには、法律専門家のアドバイス、あるいは消費者庁のアドバイスを受けるっていう、そういう方向で処理しているということだ。

教育者として当然の対応だと思う。仮に犯罪に関することを学生がやったっていうことだったら、それは教育機関としてできることっていうのは、自首を促すことだ。そういった犯罪の事実を知ったからといって、警察に突き出すっていうことは、大学がやることじゃない。

相談できるななめ上の人をつくった方がいい。

じゃぁ、みなさん現実に社会に出て、どうやって問題を解決するのか。これは直属の上司に相談するんじゃない、直属の上司っていうのは、相談されたら困る場合があるわけです。いくらその人の身になりたいとしても、問題にされたくないから。

できれば同じ会社。そうじゃなければその会社を辞めた人でもいい。かつて上司だった人に相談するといい。ななめ上の人で相談できる人をつくった方がいい。そうすると直接の利害関係者でなく、人事とかの査定とか責任に関わらない。そういう人は親身に相談にのってくれるし、客観的なアドバイスがもらえる可能性も高い。

じゃぁ、どうやってななめ上のそういう人を見つけるかっていうと、これまた難しい問題で、そうなるとコミュニケーション能力が重要になってくるわけだ。

人間的に信頼できるななめの関係の人。その人に相談すれば知恵も出てくる。

気をつけないといけないのは、「うまくやれ」っていう指示が上司からくるときだ。「うまくやれ」。これは成功したときには、

「うん、俺の指示通りちゃんとやったな」、失敗したときには「なんで人よりうまくやらないいんだ」という話になる。

私自身の例を話すね。あるときさぁ、モスクワの大使館で大使に呼ばれた。「休暇をとれ」っていうわけ。「え？」「君、しばらく休暇とってないだろう。休暇とれ」「それでな、その先は個人的な相談なんだけれども、自民党の代表団が来る。それに対して、個人で、アテンドしてくれないか。君が自発的に」と。「何をするんですか？」「実はソ連共産党の中央委員会の秘密文書に、君、アクセスできるな」と大使が尋ねた。「はい、資料を調べたことがあります」と私は答えた。「それに自民党が関心を持っているんだ」と。「社会党と公明党と共産党に、金が流れているかどうかについての証拠書類の調査をしてほしい」。「しかしこれは、政治にふれる話なんで、公務員としてやると大変なことになる。野党に露見するとまずい。しかし、**梶山幹事長**にいわれている話だから、こっちとしても断れないんで、君、休み

梶山幹事長

梶山静六(1926-2000)。1992年、竹下派会長、金丸信の政界引退に伴う後継争いで、梶山が推した小渕が会長に決定し、その論功で自民党幹事長に就任した。98年、自由民主党総裁選挙出馬の際、田中眞紀子に「凡人（小渕）、軍人（梶山）、変人（小泉）の争い」と評された。軍人と表現されたのは、梶山が陸軍航空士官学校卒のため。

をとって自発的にやってくれないか」（笑）。そしたら、そのときの総括参事官が「佐藤ちゃん」って、この人は慌てると、おネエ言葉になる。「佐藤ちゃん、そんなこと絶対にいうこと聞いたらだめよ」「そんなの、筋の悪い話だから」「お休みとって逃げちゃいなさい」って言うわけだ。ところがその後、その参事官からね「佐藤ちゃん、やっぱりこれ、やるしかないんじゃない」といわれた。私は「そんな冗談じゃないですよ。こんなおっかない話」っていったけれど「だって、下手うったら大変だけれど、そうじゃなければできるでしょ」といわれて……。だから結局さぁ、休暇とってこの仕事をした。

それで、出てくるわ出てくるわ、ざっくりざっくり、変な文書が。私自身はとってもいい経験になった。昔、私は社会党系の**社青同（日本社会主義青年同盟）**のメンバーだった。そこには労働大学という教育機関があった。ソ連で行われた労働大学のセミナーに、ソ連共産党から金を出していた。あるいは日本

社青同（日本社会主義青年同盟）
1960年初頭、日本社会党青年部を中心に結成準備会ができて、機関誌『社青同』第1号を発行した。現在も『青年の声』として継続している。安保闘争や三池闘争の高揚期と社青同の結成準備が重なったことから、社青同は「安保と三池から生まれた」といわれることもある。

共産党、赤旗の特派員っていうのは、革命についての連絡のため日本共産党の国際部からの出向者だとか、そういった資料がたくさん出てきた。その共産党員が、モスクワ大学に入ろうとするんだけれども、試験で点が足りないから、裏口入学させる書類とかもあった。私としてはとてもいい勉強になった。そのときに集めた書類をさてどうしましょうかと上司に相談した。「僕もコピーとっておいたんで。日本大使館として知っておいた方がいいでしょ、外務省としても」と伝えた。そうしたらそのときの政務担当公使が、そんなのヤバイから、全部シュレッターにかけて処理しろと、捨てろといったわけ。そしたら私は、個人的にやった仕事だから、私個人のものだっていう解釈をして、今もコピーが私の箱根の別荘にある（笑）。でもこれを持っていても、その後、**自社さきがけ連立政権**ができちゃったから、その文書っていうのも、お蔵入りになった。全然活用されなかった。これが「うまくやれ」っていわれたときの、一番き

自社さきがけ連立政権
羽田孜連立内閣の総辞職を受け、1994年7月、誕生した連立内閣で、首相は村山富市社会党委員長。96年1月、村山首相の辞任を受けて、自社さきがけの政権枠組みの中で橋本政権が成立したが、96年10月、社さは閣外協力となって98年7月、連立が解消された。

つい例なんだ。

それでそのとき、自民党から**大原一三**さん、**浜田卓二郎**さんがモスクワに出張してきた。浜田卓二郎さんもそのときの縁で今も時々会うんだけれどね。「いやー、本当に組織っていうところは怖いところですよね」とか思い出話をする。

これからみなさんも、いろんな嫌な仕事の話があると思うんだよね。でも、すぐ上の上司に相談したらだめだ。どんなに信頼できても。ラインに入っていると自己保身に走る。かつての上司だった人で、今ななめ上にいる人。そういう人で相談できる人をつくった方がいい。ラインじゃなくてななめ上にいて、人間的に信頼できる人。その人に相談すれば知恵も出てくるし、その人が自発的なイニシアチブを発揮するっていうことで、直属の上司に根回ししてくれることもある。だから、ななめ上。そこに味方をつくることが重要だ。

それと同時に、ななめ下だ。直属の部下で情報を提供してく

大原一三
1924-2005
自由民主党所属の衆議院議員。1998年に誕生した小渕政権で政策ブレーンとして活躍。2003年、議員を引退して政治評論、講演、執筆などの活動を行った。

浜田卓二郎
1941年生まれ。大蔵官僚出身の元政治家。弁護士。

れる人っていうのは、出世主義者の可能性がある。情報提供をしてきてもラインと関係ない、そういう人間の話っていうのは、比較的信頼できる。だからななめの関係っていうものが実は、働き方、仕事と人生の中ではけっこう重要になる。

何か見返りを求めずに、助けてもらった経験をあなたは持っているか?

これから、右肩下がりの時代で、なおかつ、経済状況も実感としてなかなかよくならない。勤務評定が厳しくなる時代において、自分自身だけで問題を抱えていると、メンタル面でやられてしまう。そうしないようにするために、一番重要なのは、話ができる友だち、できればななめ上のところで、信頼できる友だちを持っていることだ。

結局、それじゃぁ、どういう風にしてコミュニケーション能力はついていくかということになる。20代、30代の前半くらいまでに、何か見返りを求めずに、他の人から、助けてもらった、応援してもらったっていう、経験を持っている人。そういう人は、自分の受けた経験を他の人に返すことができる。そういう経験があんまりない人は、なかなか他人に対しても、してあげることができない。

受けるより、与える方が幸いなんだ。自分の能力だと勘違いしていたらいけない。

何が重要になるかというと、冷たい資本主義の内在的な論理を理解するだけでは不十分だ。しかし、我々は人間なんだから、社会の構造っていうのはこういう風になっているんだけれども、それをそのまま、受け入れるっていうことじゃないわけだよね。問題の解決のしかたはさまざまな方法がある。ただ、かつてのような、労働運動であるだとか、社会主義運動っていうものが、問題解決の処方箋を提示できないという現実がある。

私は超越的なるもの、宗教っていわなくてもいいが、合理性を超えたところに対する感覚が重要になってくると思う。

聖書の**『使徒言行録』**の中ではパウロが、「受けることよりも与える方が幸いである」とイエスがいったので「あなたたちも、そのようにしてください」という説明をしている。受けるより、与える方が幸いだ。与えることができるようになるためには、自分が何か受けているものがあるわけだよね。その受けたものっていうのは、自分の能力で勝ちとったと勘違いしていたらいけない。

いろんな人たちによって助けられているということだ。

その根源であるものが、人間の命の力だ。こういうような感覚を磨く機会をつかめるかどうかが非常に重要になってくる。


『使徒言行録』

『ルカ文書』の第二巻で、使徒ペトロとパウロの活躍を中心に、キリスト教の最初期の様子が描かれている。第一巻は『ルカ福音書』。

誰にも必要とされていない仕事っていうのは、持続的には、賃金が出ない。

そうしたら、今いる場所の仕事っていうものは、そこではいろいろつらいこともあるし、面白くないこともあると思うけれど、実は資本主義システムの中においてね、誰にも必要とされていないっていう仕事は、1つもない。

誰にも必要とされていない仕事っていうのは、持続的には、賃金を得られない。ということは、自分っていうのは、今この場で働いている自分が賃金を稼いで生きているんだけれども、目には直接見えないんだけれども、誰かのために役に立っている。それは間違いないわけだ。このリアリティっていうのを持てるかどうかっていうところにかかってくるんじゃないかと思う。

この先いいことは、ほとんどない。平成は最後の光の時代だったかもしれないよ。

で、今回、自分の仕事の経験を話して再認識したことは、私には、他人を働かせ過ぎる傾向がある、ということ。だからそれをどう改めるか非常に重要な課題になる。同時に今の政権がこれだけ働き方改革に熱心であるのは、いよいよ日本の労働が危機的な状況になっているからだと思う。この先いいことは、ほとんどない。

「はじめに言葉があった」「言葉は神とともにあった」と**『ヨハネによる福音書』**の冒頭に記されている。言葉は神だ。「すべてのこの世の中にあるものは、言葉ならずしては、なかった」それで「光の中に闇があった」と。「しかし闇は、光を理解することができなかった」という。

『ヨハネによる福音書』
マタイ・マルコ・ルカ・ヨハネの四福音書の1つで、他の3つとは内容的に一線を画している。新約聖書は、四福音書やヨハネ黙示録からなる。

ギリシア語から直訳するとだいたいこんな感じになると思うんだけれども、その意味においては、今まで日本っていうのは、戦後、比較的光の時代をずーっと歩んできたんだ。平成は最後の光の時代だったかもしれない。これからね、代が替わって、闇の時代になる（笑）。それで闇は光を理解することができない。しばらくそれは続く。これから暗くなっていく。でもね、暗ければ暗いほどね、光の意味っていうのはわかる。

労働っていうことに光があるんだっていうことを理解している人とそうじゃない人で、生き方が変わってくる。飢えもしないし、メンタルも壊れないようにする知恵を、本書を通じて身につけてほしい。

第5章

仕事だけしていたら孤独が待っている

人間は必ず死ぬ。
ずっと今と同じように働けるとは限らない。
そして労働力は、〝資本〟によっても、
〝労働〟によっても、つくれない。
だから資本主義社会っていうのは、
家庭っていうものを育成して、
労働力を再生産しないと、
持続的な成長ができない。

貨幣は永遠に生きるが、人間は死を避けられない。

予見される未来において資本主義社会というのは、なくならない。だからうまく付き合っていかなければならない。たとえば私は慢性腎臓病なんだけれども、これはやっぱり、壊れた腎臓を元に戻すことはできないから、付き合っていかなければならない。管をたくさんつながれて、1分でも1秒でも長く生きようとするっていうことは、実は死を避けようとしていることだ。永遠に生きるっていうことは、生物にはない。それを狙っているとゾンビの思想が忍び込んでくる。

ただし、考えてみて。マルクスの『資本論』の偉大なところは、永遠に生きるものを見出していることだ。それは貨幣なんです。貨幣はかたちを変えながら、永遠に生きるものだ。キリスト教的に考えると、永遠に生きるものっていうのは、ろくでもないものに決まっている。我々は死ぬっていうことに意味がある。

我々は命さえ捨てれば、勝つことができる。

最近、面白い映画を観た。昭和19年、１９４４年の12月公開の**映画『雷撃隊出動』**だ。どこか南洋の、日本が占領している島が舞台だ。そこの島には、日本海軍の航空隊が駐屯している。それで、アメリカの進撃を食い止めようとするわけだ。そこに教会があって、宣教師たちは逃げちゃったんだけれども、現地の人たちが集まって、讃美歌を歌っている。それを聴きながら海軍の将校がこんなことをいう。宣教師たちは逃げているんだけれども、こういったかたちで、歌で人々の心に浸透して、抵抗精神をなくしていると。それで、その米軍が空襲してきて教

映画『雷撃隊出動』
１９４４年公開の東宝映画。長引く戦いに、南方基地で困窮する日本兵の姿、航空機不足、敗戦濃厚な日本軍の状況を描いている。予備知識なしに観ると反戦映画と勘違いするが、戦意高揚映画として制作された。

会が焼け落ちる。その米軍機を日本軍が撃ち落とす。部族の長が、お祝いの会合をやってくれると。そういったかたちで、そのキリスト教と植民地主義の問題なんかも上手に扱っている。非常に面白いところは、低空飛行をしているアメリカの飛行士が、飛行機ごとヤシの木に引っ掛かって捕虜になる。通常戦時中の日本映画に出てくる米兵っていうのは、だいたい日本人が、歌舞伎の隈取みたいなメイキャップをして出てくるんだけれども、それは明らかに西洋人なんだな。ドイツ人なのか、白系ロシア人なのか、わからないけれども、西洋人が出ている。そしてこの米兵を訊問する。

それでその後、海軍将校がすごくショックを受ける。米兵が「アメリカの方が飛行機の数が多い。それから新兵器もたくさんある。独立戦争や南北戦争のときと比べて、兵士の練度も高く、士気も極めて高い。だから、小が大をのみ込むようなことがないんだ。この戦争は、アメリカが確実に勝つ」と主張するのを聞いたからだ。この将校が同僚にこの話を披露している。その横で上半身が裸になった日本軍のパイロットが、薪を運んでいる。「わが方は飛行機がないんで、あれだけ優秀な搭乗員が薪を抱えて歩いている。この情けない状態だ」と将校が嘆く。もう1人の将校が「なに心配することはない、我々1人が死ぬことで、アメリカ人を10人殺せばいいんだよ。敵の最大の弱点はな、命を大切にすることだ。我々は、命さえ捨てれば、ここのところでこの戦争に勝つことができる。俺たちは雷撃隊だ。雷撃隊で、敵の戦艦でも、輸送船でも、空母でも、1人で体当たりして、1隻を沈めれば、この戦争は勝てる。命さえ捨てれば、確実に勝つんだ」という。すると最初の将校は「いやっ、俺はあんな捕虜にいわれたことくらいで動揺して、ほんとに情けなかった、そうだよな。命さえ捨てて、体当たりをすればいい」こういう風になって最後、大量の米軍に対して体当たりをしていく、というところで終わりになるっていう映画だ。どう見ても反戦映画にしか見えない。これが戦意高揚映画になったっていう我々の心理。これを追体験しないといけない。

ところで兵器マニアは、この映画のことを知っている。どうしてかというと、空母の**瑞鶴**という真珠湾奇襲を行った航空母艦が出てきて、そこでロケをしているわけ。ちなみに封切りになったのは昭和19（1944）年12月だから、瑞鶴はすでにレイテ沖海戦（エンガノ岬沖海戦）で沈んでいるんだけれど。

労働力不足だったら、賃金っていうのはひと月に1000万円まで上がるのか？

人間の労働観とか、死生観とか、簡単に変わる。そこをおさえて、労働っていうのを考えないといけない。たとえば健康ドリンクの宣伝で、バブル期に、「24時間戦えますか」っていうのあったよね。今これ、テレビでやったらどうだと思う？　クレ

瑞鶴
大日本帝国海軍の航空母艦。太平洋戦争で、真珠湾攻撃、珊瑚海海戦、第二次ソロモン海戦、南太平洋海戦、マリアナ沖海戦などに参加。真珠湾攻撃に参加した空母6隻（赤城、加賀、蒼龍、飛龍、翔鶴、瑞鶴）のうち、最後まで残った。1944年10月エンガノ岬沖海戦で沈没。

ームがくると思う。「24時間戦えますか」とかいって、働き方改革に反するという話になる。

わずか20年で、労働観もそれだけ変わっている。働き方、いくつかだめな理論について考察しておかないといけない。

まずだめなのはトマ・ピケティだ。トマ・ピケティの**『21世紀の資本』**の論理に従って、現在の資本主義の問題を見ると、わけがわからなくなる。どうしてか。分配のことしか話していないからだ。ピケティと直接会ったときに「賃金はどういう風にして決まるんですか」と尋ねてみた。そしたら彼は「それは労働市場の需要と供給の関係で決まるんだ」と。これでは全然答えになっていない。労働市場の需要と供給の基準となるところがどこにあるのか。じゃぁ、労働力不足だったら、賃金っていうのはひと月に1000万円まで上がるのかと。絶対上がらない。マルクス経済学をまったく勉強していないからこういう発想になる。


『21世紀の資本』

フランスの経済学者トマ・ピケティの著書で、世界的なベストセラーとなった。日本語版は2014年みすず書房より刊行。富が公平に再分配されないために生まれる格差について、累進課税の富裕税を導入して緩和することを提案している。

マルクス経済学を理解せずに間違いをおかしているのが、**日本共産党**だ。日本共産党は、企業の内部留保を賃金にまわせっていうことをいっている。この、企業の内部留保を賃金にまわせっていうのは、マルクス主義とは縁もゆかりもない思想だ。

この思想に近いのは、イタリアのファシズムだ。国家が介入して、資本家の利潤を労働者に分配させるっていうのは、国家の**暴力装置**による、再分配機能を強化するっていうことで、イタリア・ファシズムの思想なんだ。だから読者の中に、関係者がいたら申し訳ないけれども、共産党っていうのは、その体質といい、それから理論構成といい、ファシズムに近い。

雇っている企業っていうのは、賃金以上の利益を得ている。

マルクスの『資本論』の内容は、資本家にだってわかる。労

日本共産党
日本に思想・言論・信教の自由がなかった1922年に結成、反体制思想の非合法政党として扱われた。45年、合法政党になる。国会に議席を持つ政党の中では最も歴史が長い。

暴力装置
国家権力により組織化された暴力（軍隊、警察など）のあり方。広い意味では、強制力を持っている政府、国家などの公権力も含んでいる。

働者にだってわかる。要するに、労働者の立場に立たなければわからないような、そういうような、変な**イデオロギー**に基づいた、理屈を展開しているんじゃない。普通に論理を追っていけば、どんな立場に立つ人でも、『資本論』の内容を理解できる。

そのポイントが、労働力の商品化だ。我々はみんな働く能力を持っている、これは労働です。しかし労働と労働力は違うの。たとえば、みなさんが今、コンビニで働くとする。そしたら時給1000円くらいだよね。コンビニは絶対に1000円より多く儲かっている。そうじゃなければ、雇う意味がないから。それは他の仕事だってそうだよね。たとえば、工場で勤務している、書店で勤務している、いくらかの賃金をもらうっていうことなんだけれども、明らかに、その雇っている企業っていうのはそれ以上の利益を得ている。しかしそれは、不当なかたちで得ている利益じゃないんだよね。どこからまわってくるのか。ここのところが長年わからなかったわけ。**アダム・スミス**もわ

イデオロギー

世界や人間について人々が抱くさまざまな信念、態度、意見などの理念を体系化したもの。

アダム・スミス

1723-1790

格差、貧困、財政難、戦争など深刻な社会問題を抱えていた18世紀のイギリスで活躍した哲学者、倫理学者、経済学者。経済学書『国富論』の著者。

からなかったし、**デヴィッド・リカード**もわかる直前くらいまでいったけれど、最終的にはわからなかった、その解答をマルクスが与えた。この理論は未だに、乗り越えることができていない。

労働力の価値は、賃金よりも高い。サラリーマンは搾取されている。

他方、現在の主流派の経済学は、賃金がどうやって決まるかとか、その構造がどうなっているかとか、貨幣がどうやって生まれてくるかとか、そういうことに関心を持たない。既存の資本主義体制っていうイデオロギーを前提としている経済学は、実は科学ではなくイデオロギーだ。労働力は、賃金の価値をつくり出す。賃金っていうものは、労働力の価値。労働力の使用価値は労働。これはマルクス経済学を勉強していないとわから

デヴィッド・リカード
1772-1823
『国富論』を読んで経済学に興味を持ったイギリスの経済学者。リカードの労働価値説はマルクス経済学の中心的枠組みになっている。

ない。

すなわちどういうことかというと、たとえば書店で勤めている人がいると、書店のレジ係をやることもあれば、書店の品ぞろえをやることもある。あるいは取次に、本を送り返したりする作業をすることもある。それぞれで別の労働だよね。あるいは在庫名簿をつくる、そういったこともあるかもしれない。それぞれ異なる労働だけれども、そこでは労働が行われているわけだよね。その労働からもたらされる価値っていうのは、労働力の価値、すなわち賃金よりも多い。この間を**剰余価値**っていうんだけれども、労働者の側から見ると、搾取になる。搾取っていうのは、何もそれは不法なことでも不正なことでもない。搾取っていうのは、労働力が商品化されているもとで、資本家のもとで労働者が雇われると必ず起きる現象で、当たり前のことだ。

それに対して収奪っていうのは、後ろに暴力装置があって行

剰余価値

たとえば、月給30万円で誰かを雇った場合、労働者は30万円分以上の仕事をする。そうでなければこの労働者を雇う合理性がなくなる。つまり、労働者は労働賃金以上の働きをしている。この労働賃金以上の価値のことをいう。資本家の目的は、この価値を極大化すること。

われること。それだから五公五民とか四公六民とか、こういうような年貢っていうのは、払わないと、つかまって磔《はりつけ》になるわけでしょ。後ろに暴力装置があるから年貢を払っているわけだ。

ちなみに現在の最高税率って、4000万円の年収を超えると、所得税は45％だ。住民税は10％だよね。復興税が2％だよね。そうすると、57％だよね。個人事業主の場合は、それに加えて消費税が加わるから、65％だね。そんな六公四民なんていうの、江戸時代にはなかった。そんなことになったら、百姓は飢え死んでしまうから。ということは最高税率で65％もとることができるということは、資本主義社会というのは相当税率が高いっていうことで、それでも社会をまわしていくことができる生産力があるっていうことだ。

1カ月の賃金には、結婚相談所に登録する費用も含む。

まず労働力の商品化。労働力商品っていうのはどうやってできている？　復習になります。1番目、1カ月の賃金で考えよう。1カ月に食べるもののお金、着るもののお金、住宅を借りるお金。

ちなみにヨーロッパで、**労働者階級**と、**中産階級**の区別ってどこにあると思う？　持ち家なんです。所得じゃないんです。家を持っていると中産階級、借家だと労働者階級になる。でも実態として考えた場合、日本の家屋っていうのは、100年も200年ももつわけじゃないからね。それだからだいたい70歳で返すとすると、35歳までじゃないとローンが組めない。35年ローンだから。しかし35年後には、木造家屋だと、かなりくた

労働者階級
自分の労働力を資本家に提供して、労働賃金を得ることでしか生活していく手段のない階級。プロレタリアート。

中産階級
中世の支配階級、貴族や僧侶に対する第三の身分。

びれてくるから、固定資産税も家屋に関しては払わなくていいっていうような状態になっている。それだと借家とほぼいっしょだ。

プラスちょっとしたレジャーをして、1カ月働けるエネルギーを蓄える。労働力商品というのは、資本主義制度で生産できない唯一の商品だ。これは労働者が消費をすることによって、家庭の中で蓄えられるもので、消費によってでしかつくられない特別な商品だ。1番目がこの生活費だ。

ただ、これだけじゃ資本主義システムっていうのは、死に絶えてしまう、どうして？　人間にも寿命があるから。それだから次世代の労働者階級をつくらないといけない。そして次世代の労働者を育てなければならない。

となると、どういう形態の結婚かわからないけれども、やっぱりパートナーを見つけて子どもをつくることが必要になる。独身者、単身者に関しては、パートナーを探すためにかかる費用、たとえば、結婚相談所に登録する費用、それからデート代っていうのも、賃金に入っていないと、資本主義の持続的な再生産ができなくなる。これ2番目の要素、家族の再生産だ。

ただこれは時代とともに動くよ。ある時代においては家事労働は、女性によってほとんど担われ、女性が家事労働のほとんどをやることによって、外に出て働かないで、男性の賃金の中で、ほとんど賄われている時代もあれば、女性も外で働いている時代もある。

男性の労働だけでは、搾取が不十分なので、女性の労働も活用していく。

女性が一番活躍していたのは、みなさんの中で映画『マルクス・エンゲルス』って観た人もいると思うけれども、19世紀半ばのマルクスやエンゲルスが活躍していた時代だ。炭鉱でも女性が労働していたし、労働時間が16時間とか、18時間とか、そういうのが普通だった。それで女性労働者の平均寿命が、20代になってしまった。これだと結婚もできないし、子どももつくれないんで、労働者階級の再生産ができなくなる。そのため工場法ができ、子どもと女性の労働に対する規制が加えられた。それでだんだん女性が家庭に入っていく。機械が普及し、産業は、男性の労働を中心にしてまわっていくようになったんだけれども、再び、また、女性の労働を取り入れていく社会になりつつある。

今、日本のほとんどの家庭において、補助的な労働であるにせよ、外で現金収入を得るっていうことを女性がしなければ家計がまわらない。とくに、子どもがいる家庭においてはそうだ。この設定を自己実現とかいろんな言葉で今までごまかしていたわけだ。

前に述べたことの繰り返しになるけれども、介護労働だって、最初は魂の労働で賃金は確かに安いかもしれないけれども、世の中のために役に立つ、そういう労働だという位置づけを与えていたわけだ。だから、大学を卒業した女性が、**ヘルパーの資格**をとって、自分の車で乗りつけて、それで時給900円くらいの仕事をするっていうのが日常的に行われたが、今やそうじゃなくなってきた。

でも逆に、この魂とか社会的な価値っていうことを入れていくと、性産業の仕事はマイナスの付加価値がつくわけだ。そういったところで仕事をしていたっていう履歴があると、社会の中で、偏見にさらされる。それだからその分、賃金が高いわけだ。

現在だって介護労働はきつい。これに対して家政婦の仕事、家事を補助する仕事っていうのは、これは、比較的賃金が高い。ヘルパーの資格を持っていれば十分そこに代替できるはずだ。しかし、ヘルパーから家政婦に転職する人は少ない。なぜか。金持ちに使われるのが嫌だからだ。こういう社会的な評価の要

ヘルパーの資格
ホームヘルパー（訪問介護員）の資格は「介護職員初任者研修」「実務者研修」「介護福祉士」などがある。「介護福祉士」は、直接介護を行う最上位資格で、唯一の国家資格。

素が賃金に加味される。これは労働におけるイデオロギー的な要素だ。

では話をもとに戻す。今女性の労働が増えているのはどういうわけかというと、男性の労働だけでは、十分な搾取ができないので、女性の労働も最大限に活用していくという、資本主義の必然的な動きだ。

景気の変動で解雇された男性は、女性のところに転がり込め。

女性の労働、輝く女性の活躍を政府は強調しているが、日本の製造業人口は今後、増えない。そうしたらどういうことになる？　医療系か、介護が増える職種になる。医療と介護っていうのは景気が悪くなったからといって需要が減るだろうか？減らない。これは女性が医療系、介護系の労働につく、男性は、景気の変動によって、解雇されたときには、女性のところに転がり込め、これが最大の生活保障であるということだ。**雇用保険制度**の代わりになる。

今の政権だって、次の政権だって、家庭の形態については、事実婚でもなんでも認めると思う。とにかく、そういうようなかたちで、国民は生き残りをはかってほしいというのが今の権力者の発想だと思う。とくに、アラフォー世代の大変さは構造的な問題だ。この構造的な問題を自助努力で解決させようとしている。

何でもいいから、パートナーだけ持っとけ。セカンドは絶対にいけません。

前にも少し話したが、テレビのドラマは面白い。時代を反映しているからだ。『東京タラレバ娘』を解釈してみよう。まず1

雇用保険制度
労働者が失業中の生活を心配せずに求職活動を行えるよう失業給付金を支給する制度。

番目は、会社はどんなにブラックでも辞めてはいけませんっていうことだよね。制作会社を離れて、シナリオライターになりたいなどという夢は、絶対に持ってはいけません。フリーランスになるって、うまくいってもたかだかケーブルテレビで、夜間に放送されるシナリオしか仕事の依頼がない。倫子は「男がいなくても生きていけるけれども、仕事がなきゃおまんま食い上げだよな」とタラちゃんとレバちゃんにいわれる。そういう風になるリスクがある。それから2番目、独身で働いているときのパートナーだけれども、付き合っている相手のセカンドになっては絶対にいけません。他に女がいる男と付き合っていると、ろくなことになりません。セカンドと思ってもサードの場合がある。これが榮倉奈々の役だよね。セカンドでいいことは何もない。それから3番目は、不倫は人生の無駄です。こういう話だ。これらはすべて**生活保守主義**だ。

漫画の原作の方がもっと強烈だ。結婚はだいたい3回、ブー

生活保守主義

1980年代、自民党支持の増加を説明するとき使われた。世の中に不平不満は持たず、社会変革も望まない、自分の生活を守りたいと考える姿勢。

ムがあると。でもそういった感じで、冷ややか〜なかたちでシニカルに出ている。セーフティネットとしては、何でもいいからパートナーだけ持っとけという生活保守主義だ。最後は生きてりゃいいんだと。それならば、どちらかが失業したり、病気になったりしてもなんとかなる。その発想は、今の社会構造を反映している。

＊『非正規・単身・アラフォー女性 「失われた世代」の絶望と希望』（光文社新書）

非正規労働についている同世代の人たちの現状を雨宮処凛さんが、丹念な取材でまとめている。

ここで1冊、本を紹介しようと思います。**雨宮処凛**さんの『非正規・単身・アラフォー女性 「失われた世代」の絶望と希望』という本だ。すごく面白い。

雨宮処凛
1975年、北海道生まれ。作家。活動家。愛国パンクバンドボーカルなどを経て、2000年、自伝的エッセイ『生き地獄天国』（太田出版／ちくま文庫）でデビュー。「反貧困ネットワーク」世話人、「週刊金曜日」編集委員などをつとめる。

私が今までに読んだ貧困もののルポルタージュでは、一番いいし、それは貧困ですごい状況であるということだけじゃなくて、生活保護を使うことによって、持ち直した人の話も書いている。あと、男性でも、特に介護によって、ホームレスになった事例が書かれている。年収1000万円超えだった百貨店に勤めていた人の話だ。今の社会構造、現時点における格差とか、あと働き方で気をつけないといけないことが、よくわかる。

雨宮さんを含む、いわゆる団塊ジュニア世代は、失われた世代とも呼ばれている。人口が多いので、高校入試や大学入試の競争が厳しかった。しかし卒業後は就職氷河期で、非正規労働につく人が多かった。特に不利益を被ったのは女性たちだ。その人たちが、現在、40歳前後のいわゆるアラフォーに達している。同世代の雨宮さんが、非正規労働についている人たちの現状を本当に丹念な取材でまとめている。

確かに私も出版関係者と日常的に接触していて、矛盾を感じることがあります。やってる仕事は、同じ。あるいは正社員よりもしっかり仕事をしている人でも、**業務委託**や派遣だったりすると、身分は安定していないし、得られる収入っていうのが正社員と比べて、これはもう、考えられないほど低い。なんでそういうことなのかと。

感情を鈍麻させる漢方薬を服用しながら仕事している。

雨宮さんの本に記されている事例を紹介する（雨宮処凛『非正規・単身・アラフォー女性「失われた世代」の絶望と希望』（光文社新書）P26～参照）。編集プロダクション、出版社での派遣労働の経験が多い昌美さん（仮名）は36歳で独身で短大卒。家の経済的な事情で短大を出たんだけれども、出版社っていうのはほとんど四大卒しかとらないって知らなかった。それで、

業務委託

企業と対等の立場で業務依頼を受ける働き方。企業に雇用されるのではなく、どのような仕事をいくらで、どうやって遂行し、完了させるかなど仕事の内容ごとに契約を結ぶ。

物件費

正社員に支払う給料は消費税の課税対象外だが、派遣会社への支払いは、外注費や委託費などと同様に、消費税法上、課税仕入れとなる。そのため人件費ではなく、物件費になる。仕入税額控除は事業者が納税の際、課税仕入れをした分の消費税を控除することができる仕組み。派遣会社を使用することで事業者は節税できる。

編プロで働きはじめた。派遣をいくつも重ねて、仕事はすごくできるんだけれども、評価が低い。昌美さんは「派遣って、会社の会計上、人件費でなく**物件費**っていう項目なんですよね」という。

派遣労働者の賃金は会計項目上では、物件費なんだよね。

「それを知ったら、もはや人間ではないというか、働く気しないよね」と彼女はいう。そういう扱いをしていながら、社員以上の仕事を押しつける。人として見られていない。すごく下に見られている感があるという。今は契約社員ですけれど、「社員になりたいんでしょ」「社員になりたいんだったら頑張ってるとこ見せなきゃ」とかすごいいわれる。

「もちろん、**雇用形態**ばっかり責めても仕方ないんですけど、周りの友だちも派遣とかが多くて、みんな疲れ果てて、『働きたくない』って言い始めてる」「やる気がなくなっちゃってる。絶望を通り越して『どうでもいい』ってなってるのをなんとか

雇用形態

大まかに5種類。正社員（期間が定められていない）、契約社員／嘱託社員（期間が定められている）、パートタイマー（正社員より短時間労働）、アルバイト（都合のよい曜日や時間などに合わせた一時的な労働）、派遣（派遣会社から派遣されて、派遣先企業で労働）。この中で正社員のみ正規雇用。また派遣のみ、間接雇用。

しないと厳しいですよね」と昌美さんがいっている。

ここにやっぱり派遣労働者の心情が、端的に示されている。同じ職場で働いていても人格を尊重されず、モノのように扱われていることに対する悲しみと怒りが、派遣労働者のモチベーションを下げている。それでこの昌美さんの場合は、感情があんまり激しくならないようにって、2年前から心療内科に通って、感情を鈍麻させるための漢方薬を処方されて、それを服用しながら仕事をしている。

編集はけっこうストレスがかかるから、私の知っている、やっぱりアラフォーくらいの編集者で、男女、非正規・正規を問わず、心療内科や精神科に通っている人がいる。睡眠導入剤や抗不安剤を日常的に服用している人も、私が知っているだけで10人以上いる。やっぱり作家っていうのは、私も含めて、気難しいから（笑）、そういう人たちと付き合って、原稿をとってくるっていうのは、これはやっぱり命を削る仕事なんだ。

厳しい勤務環境におかれている非正規労働者なんだけれども、賃金のみならず、福利厚生までも劣悪な状態におかれている。こういう派遣労働者の状況を客観的に見ることができなくなっているという社会の現状が、この本から浮かび上がってくる。たとえばこういうことだ。

時給1000円で1日8時間、月に20日働いたとして16万円。そこから税金や保険料などを引かれて、手取りはもっと減る。15万円に満たない額だ。税金と社会保険料をきちんと払う。こういう15万円にも満たない額で、東京で1人暮らしをして自立生活をするのは、かなり厳しいわけなんだけれども、そういうことに、安定層の正社員はどこまでも鈍感だ。

最近、昌美さんはYhahoo!知恵袋の相談を見ていてショックを受けたという。

「派遣の人が、『派遣なんだから会社のお茶飲むな』って言われた話があって、そういうのみなさんも同じですかって質問に、多くの人が『派遣なんだから身分わきまえて水筒持参すべき』とか書いてて……。確かに派遣社員は社員じゃないから会社の備品とか、**福利厚生**の恩恵にあずかれないかもしれないけど、そこまで線引きしたら余白がなさすぎるというか……。社会も悪いかもしれないけど、自分に能力がないからしょうがないって思っている人がたくさんいる」

昌美さんは、今までにさまざまな職場を渡り歩いてきたが、辞めて後悔した会社は1つもないという。

競争にさらされるよりは9時5時で、生涯給与が計算できる方がいい。

読者の中にも派遣の人とか非正規の人がいると思うが、絶対勘違いしないでほしいことは、正社員と非正規労働者の収入差は能力の問題ではなくて、社会構造からきている問題だという

福利厚生
企業が従業員とその家族に対して提供する援助、サービスなどの非金銭報酬。

ことだ。それを冷静に見ることが重要だ。

それから今、正規のところで比較的、安定した状況にいる人たちだって、ちょっと何かあったときには、すぐ同じ状況になる。非正規の問題は他人事じゃない。

企業経営者の読者にはわかると思うが、企業に対する忠誠心を持たない労働者が増えてくることは、危機管理上でも大きな問題だ。だから最近、総合商社が再び**一般職**をとりはじめた。あるいは総合職で採用になっている人でも一般職を希望する人が出てきている。どういうことか。結局は企業としては、会社に忠誠心を持つ人がほしい。また働く側としては、総合職で入って、ものすごい競争にさらされて、くたびれ切ってしまうよりは、9時5時、時々頼まれて、超勤1~2時間するっていうぐらいで、なおかつ**生涯給与**が計算できるような働き方を選択するようになる。

これは、官僚の世界でもある。たとえば、**外務省の専門職員**

一般職
かつては女性のみの採用で、補助業務を担当することが多かった。法改正により廃止の動きが広がったが、近年働き方の多様化に伴い復活の兆しがある。

生涯給与
個人が生涯において得られる給与所得の総額。国家公務員と民間企業サラリーマンの格差を明らかにするために開発された概念。

外務省の専門職員
高い語学能力と関連する地域の専門知識を武器に活躍する職種。特定の国（地域）で在外公館に勤務して、担当地域の情報収集や分析を行う。

の今年の合格者に東大卒が3人いる。私のころ、東大卒は、4年か5年に1人だった。東大生のプライドがあるから専門職員試験を受けない。京大は、専門職員が毎年のようにいたよ。東大だと東大のプライドがあるから専門職では来なかった。外務省でも他の省でも、局長以上になると、場合によっては有力課長になると政治家との関係も出てくる。それに絡むストレスが非常に多い。国会にも呼び出される。それよりは、ノンキャリアで、小さい国の言語、とくに北欧語とかを専攻するならば、勤務環境も比較的いいところで働くことになる。それで、自分の生涯のライフサイクルを、30代くらいのときに、ちゃんとかためられる。その方がいいんだっていう考えをする人が増えているっていうことだ。

多少嫌味をいわれようが嫌だろうが、会社を辞めたらいけないんだよ。

さらにね、アラフォー世代は、男女を問わず、親の介護の問題がのしかかっている。546万1000円という数字の意味がわかる？　高齢者1人の介護に必要な金額の目安だ。介護期間ってどれくらいだと思う？　平均して4年11カ月だ。1人の高齢者を看取るまでに、これだけのお金と時間がかかる。

これは、結城康弘さんと村田くみさんが、KADOKAWAから出している本『介護破産　働きながら介護を続ける方法』に書いていることだ。この額に生活費は含まれていない。生活費以外に介護費用が546万1000円もかかるということだ。さらに、雨宮さんの本（雨宮処凛『非正規・単身・アラフォー女性「失われた世代」の絶望と希望』（光文社新書）

P174〜参照）を読むと次のように書いてある。

「**介護離職者**は年間10万人と言われているが、その8割が女性（総務省「就業構造基本調査」2012年）。介護費用がかかる上に、収入は途絶える。貯金を切り崩し、いつ終わるとも知れない介護生活に疲れ果て、親亡き後に仕事を探すものの見つからず、既に親の貯金も自らの貯金も使い果たしている……」

雨宮さんの知人男性の中には、親の介護で離職し、一時はホームレス生活になった人もいる。

「父の病気がきっかけで、年収1000万円を超える大手百貨店の仕事を40代で退職。父を看取った後に母の介護が始まり、その母も亡くして葬儀を出したところ、残金が1万5000円となり、そのまま路上生活者となったのだ。

男性は独身。両親と暮らしていた賃貸の家は家賃滞納で追い出され、飼い猫を連れて公園で寝泊まりする日々。幸い、支援団体の助けを受け3ケ月で路上生活を脱出し、生活保護を受け

介護離職者
40〜60代の離職者が多い。「経済的苦境」「精神的負担」「介護終了後の就職難」など大きく3つのリスクがある。介護保険制度の知識に乏しく、第三者の介入を拒んでいるうちに、離職に至ってしまう場合がある。

てアパートに入ることができた」

ちなみにこの男性は、「離職後も、介護の合間をぬって様々な仕事をしていた。が、年齢が上がれば上がるほど条件は悪くなるばかり。給料未払いなどにも遭い、生活が安定することはなかった。

その男性は今、自分と同じような立場の人を救いたいと、ある団体の職員として生活困窮者などの支援を仕事にしている」

自分は年収1000万円くらいあって、蓄えがたとえば2000万円とか2500万円とかあって親の年金もあって、介護保険にも入っているからと、最後の納得で親を看取ってやるのをやってみようと、しかも独身だからできるんじゃないかと、考えるのは甘い。こういう事例を雨宮さんは具体的に書いている。

だから多少嫌味をいわれようが嫌だろうが、会社を辞めてはいけない。問題は構造的で、個人の自助努力によって解決できる域を超えている。アラフォーの非正規の独身者は、現時点において、親の家に住んでいるから、とりあえず生活が成り立っている。独身の人が全体の75％ぐらいいる。この人たちの、親が死んだ後はどうなるか？　路上に投げ出されるリスクがある。数十万人くらいのホームレスが10年後に出てくる可能性がある。こういう人たちは、都市に集まる。都市はいたるところホームレスだらけの日本っていうことになりかねない、今手を打たないといけない。

子どもがいない、一代限りのアラフォーに、政府は無為無策。

しかし今の政府は何もしていない。無為無策だ。どういうことだろうか？　この人たちは家庭を持っていない。子どもがいない。したがって次世代の労働者が再生産されない。だから一代限りの労働者だ。

特にニートの人たちで40代だと、職業訓練をしても、過去の経験則からして、今まで就業の習慣がついていないから、就業することは難しい。

しかも今の日本の**生活保護制度**って、受給資格はあってもそこまでこぎつけることが困難だ。率直にいうと、困窮した状況に陥っている人はメンタルが疲れている情報弱者でもある。生活保護の受給資格がある人でも、共産党か公明党、あるいはボランティア団体とのネットワークがないと、まずそういった手続きをやりきれない。それが実態だと思う。

つかの間の交際は、ライフラインを最大限有効利用され尽くして終わる。

さらに、結婚っていう可能性もすごく厳しい。こういう実態

生活保護制度
資産や能力などすべてを活用しても生活困窮を避けられない人に、困窮の程度に応じた保護を行う。健康で文化的な最低限度の生活を保障して、自立を手助けする制度。

について、雨宮さんが紹介している。典子さんの事例だ（雨宮処凛『非正規・単身・アラフォー女性　「失われた世代」の絶望と希望』（光文社新書）Ｐ94～参照）。

典子さんには彼氏ができて、出会ったのは行きつけのバーだった。36歳のときに付き合い始めた。彼氏ができれば幸せになれると思っていたとか。

しかし、できてからがはじまりだった。付き合っていくうちにどんどん辛くなっていった。３歳ほど年上の建築関係の仕事の彼氏とは、まったく話が合わない。相手が貧困だったことも一因となった。映画に一度だけ行ったものの、デートは公園で水を飲むだけ。

エピソードはそれだけではない。典子さんの家に泊まりにくる際、水道代節約のためか、彼氏は自分の洗濯物を持参して彼女の家の洗濯機で洗濯までしていく。それ以外にも炊飯器を持参して米を炊く。自分が仕事で持っていく弁当のためだ。冷蔵庫の中の食材を使うなど、彼女の家のライフラインを最大限有効利用していた。よって彼女は彼氏が来る際、電気代などを徴収するようになったという。結局その彼氏とは1年たたずに別れた。

ある日、酔っ払って自宅に帰る途中、彼女は強姦魔みたいな人に襲われかけた。そして強姦魔に思わず「何歳ですか？」と聞いたというのだ。かえってきた答えは35歳。「いいんですか？もしかして若く見えました？」というと、強姦魔は慌てて逃げていったという。

典子さんには老後のプランがある。それは刑務所に入ることだ。「貯金ゼロのまま、いつかはアルツハイマーになると思うんですよ。しかも今の仕事が何歳まで続けられるかわかんないし、社員じゃなくてフリーだから保証がない。明日『いらない』って言われたら無職になるんです。こんな人間の将来って、終わってるじゃないですか。老人ホームに入るにしても、誰が入れてくれるんだって。だから刑務所しかないですよね」と彼女はいう。

典子さんの父親はすでに定年退職しており、母親ともども元気だ。親の介護については、何も考えていない。「もう見ないふりをしているとしか今は言いようがない」ということだ。

典子さんは婚活疲れもあって、最近猫を飼いはじめた。保護された猫の里親募集サイトなどでともに暮らす猫を探したがここにも単身の壁が立ちはだかる。1人暮らしというだけで信頼がないから、猫の譲渡が認められない。彼女はブリーダーに15万円を支払い、スコティッシュフォールドの雄の小猫を迎える。「可愛いですよ。イケメンのホストとかに金使うより、コスパがいいじゃないですかね」と典子さんはいう。

刑務所にかかる年間1人あたり300万円は、福祉政策の転換でコストカットできるのに。

それから、山本譲司さんの『刑務所しか居場所がない人たち』これは共産党系の大月書店から出た本だ。**累犯障害者**の問題を扱っている。知的障害があって、罪を犯してしまう人。たとえばこういう話がある。

母子家庭の人で、知的な障害がある、知恵遅れ。お賽銭を200円盗んで捕まる。どうしてかというと、子どものときに母親に神社に連れられていったとき、1000円、お母さんが入れた。「いつか神様が返してくれるからね」と母親はいった。その男性は路上生活になったんで、神様に返してもらおうと思って、賽銭箱をひっくり返し、200円とったところを現行犯逮捕された。その事情を話して、裁判にかけられて、執行猶予

累犯障害者
犯罪を繰り返し起こしてしまう知的障害者や精神障害者。健常者とのコミュニケーションが難しいため、誘導尋問や冤罪被害にあうことも多い。福祉支援を受けられず、微罪で繰り返し刑務所に入り生き延びている。刑務所がセーフティネット化している。

になった。でも知的障害があるから、執行猶予になって外に出ることができたので、これは問題ないんだっていう認識をしてしまった。それでまた同じ神社に行って、賽銭箱をひっくり返し、100円とっているところで捕まって、今度は実刑で懲役3年になった。それで裁判のとき、「あと700円神様に貸してある」っていったんで、裁判官の心証が非常に悪くなって、それで実刑になった。

受刑者について年間1人あたり300万円がかかっている。高齢者になるとそれに加えて薬代がかかる。だから年間1人500万円。これが国民の税金から支出されている。裏返していうならば、これがもし充実した福祉政策に転換すれば、はるかにコストカットもできるはずだ。

第6章

仕事の目的は休むことだ

「我々は余暇をめあてに働くんだ」

「仕事の目的は休むことだ」

これは資本論の論理でもあるわけだ。どういうこと？

我々が働くっていうことは、
労働商品を再生産するためでしょ？

労働力商品は余暇からしかつくれないから。

家庭で休んで、ご飯を食べて、リラックスして、
睡眠をとって。それによってしかつくれない。

＊『余暇と祝祭』（講談社学術文庫）

我々はもう1度、自分たちの生活を見直してみないといけない。

働き方と一見関係ないような、哲学者**ヨゼフ・ピーパー**の『余暇と祝祭』を読み解いていく。我々はもう1度、自分たちの生活を見直してみないといけない。「働き過ぎてはいけない」っていうことが、この本のポイントだ。それは聖書の原典にかえりましょうということ。

1日目から天地創造をはじめて、6日で天地創造をして、7日目に神様は休んだ。それは全体を見渡すために休んだ。7日目は反省の日だ。それだから私は1986年にイギリスに定住した。驚きだったんだよ。日曜日、ほとんどの店が休んでいる。パブも普段より短い時間しか開かない。日曜日に開いている食

ヨゼフ・ピーパー
1904-1997
ドイツのヴェストファーレン州エルテ生まれ。トマス主義哲学者。カトリック思想家。スコラ哲学に関する優れた著作を残している。

料品店は、全部インド人の経営の店。レストランは、中国人経営の店。非キリスト教徒の店しか開いていない。だからどんな田舎に行ってもカレー屋さんとね、それからインド人が経営する食料品店がある。日曜日は、仕事をしてはいけない日になっていった。ヨーロッパにはキリスト教の伝統が生きている。資本主義社会が発展しても、それがある枠をこえない。

前にも述べたけれど、神保町の岩波ホールで、『マルクス・エンゲルス』っていう映画の上映会があった。それでそのトークショーをやった。非常にいい映画だった。マルクスは、奥さんが貴族で、それでマルクス自身の経済力はほとんどない。生活水準は、**プチブル**の生活をしている。エンゲルスは大金持ち。そのエンゲルスが、こんな体制はおかしいと考えてマルクスを助けながら、どういういう風にして共産主義っていう思想が形成されたかという過程を描いていくと、その原点は**ヒューマニズム**だと。当時のイギリスの工場の様子がよく描けている。あ

プチブル
プチブルジョアの略。資本家のように多くの労働者を雇用する生産手段はないが、労働者のように完全に生産手段がないわけではない。資本家と労働者の中間に属す者をさす。

ヒューマニズム
束縛や抑圧による非人間的な状態から、人間の解放を目ざす思想。

のころの資本主義が少しかたちを変えて21世紀に回帰している。この現実を我々は見据えないといけない。

本当にやりたい仕事っていうのは、やっぱり10年ぐらいかかる。

余暇とは、いったい何でしょうか。私自身の考えをのべる前に、その昔、中世のスコラ学者が授業をするときにやっていた方法にならって、まず一つの反対論を登場させてみましょう。

「いま、われわれは家を建てている最中だ。その仕事で手一杯だから、余暇について話している暇はない。家ができあがるまでは、とにかくそれに全力をかたむけることが必要なのではないか」

これは手ごわい反対論です。しかし、こまかい議論は後回しにして、さしあたりこう答えたいと思います。

スコラ学
中世ヨーロッパで主流だった哲学。当時、学問はカトリック教会や修道院に付属する学校（スコラ）で研究されていた。

「文化を打ちたてるということは、ただ最低生活を維持し、ぎりぎり必要なものをみたすということだけではなく、精神的な資産を建てなおすということも意味しているとしたら――もしそうであるとしたら、まさにその新たな出発、基礎工事をはじめるにあたって、余暇の意味をはっきりさせておくことこそが必要なのです」

なぜかといえば、余暇は西洋文化を支えている基礎の一つにほかならないからです。余暇を文化の基礎として考えることを意外に感じる人もあるかもしれません。しかし、これは西洋哲学の古典中の古典であるアリストテレスの『形而上学』で、すでにいわれていることなのです。

また「余暇」（ドイツ語ではMuße／ムセ）という言葉の語源をさぐってみると、余暇と文化の密接なつながりがはっきりと見てとれます。余暇はギリシャ語ではスコレー、ラテン語ではスコーラ、ドイツ語ではシューレ（学校）となります。つまり、

『形而上学』
古代ギリシア哲学者アリストテレスの著書。本書では、今も私たちが使っているいろいろな概念について論じている。

ドイツ人が教養、あるいは人格形成の場をさすのに用いている言葉自体が、余暇を意味しているのです。シューレとは、知識をつめこんでばかりいる場所のことではなく、本当は「余暇」のことなのです。〈ヨゼフ・ピーパー『余暇と祝祭』〈講談社学術文庫〉P21〜22より〉

★

このスコラっていうのは、ラテン語で暇という意味だ。だからスクールっていうのは、暇な人たちが集まるところ。学問は暇な人がやることだ。ちなみに中央官庁での挨拶では、「忙しい？」と尋ねるのが通例だ。「忙しい？」っていう挨拶で、みんな「忙しいよぉ」って返事をする。「暇だ」というのは、「それお前、仕事ができない」の意味になる。でも、この暇がないと、勉強はできない。

中世の大学で勉強するのにどれくらい暇が必要になったと思う？　まず大学の一般教養課程を自由七科っていったんだけれ

ど、中世では通常9年、大学に在学しないといけない。仕事から離れて完全に暇な状況で。そしてその後ね。一番短いのは法学部で、3〜5年。だから法学部だけで、12年から14年で卒業することができる。医学部はちょっと長くて5〜6年。だから14年から15年くらい。神学部が一番長くて、神学部は通常15年。それだから自由七科9年と神学部15年で24年。24年で学部を卒業して、それから修士課程と博士課程がある。そうするとだいたい30年から35年くらい、大学に在学しないと、神学を一応マスターすることはできない。神学で勉強することの量は、現在でも中世と変わっていない。だから今、神学部の学生たちに教えていることは何かっていうと、この道に入って本格的にやりたいときは25年くらいかかる。学部の4年間で10勉強できるとしたら、修士課程までいくと、それは15じゃない、年限が2年多いから15じゃなくて修士課程になると30〜40になる。神学学習の成果は、加速度がついていくからだ。だから修士課程まで

6年大学で勉強して、残り18年は社会に出てから勉強する。要するに25年間連続的に継続的に勉強できる習慣を身につけることが重要なんだということを教えている。神学生たちはそのへんの事情を理解している。

私も最近、10年かけた仕事を仕上げた。それは**『神学の技法』**（平凡社）という本なんだ。3年前に『神学の思考』（平凡社）という本を出して、神学の体系でちょうど半分くらいのところまで書いた。その残りをようやく書き上げた。これ、全体で10年かかった。それから、**『十五の夏』**（幻冬舎）、これも、やっぱり10年越しの仕事だ。それから**『高畠素之の亡霊』**（新潮社）という国家社会主義の問題について書いた本も10年越しの仕事になった。本当にやりたい仕事は、10年ぐらいかかる。でも、10年かけてもそいつが仕事ができるようになるためには、やっぱり25年くらい訓練する必要がある。それぐらいの暇がないと、1つの学問をきちんと習得することはできない。

『神学の技法』
2018年5月28日、筆者が平凡社より刊行した。神をめぐり、人間の限界を思考することで、世界の見え方を変えてくれる。

『十五の夏』
2018年3月29日、筆者が幻冬舎より刊行した。筆者が高校1年生の夏休みに出かけたソ連・東欧への一人旅をまとめた1冊。

『高畠素之の亡霊』
2018年5月25日、筆者が新潮社より刊行した。マルクス『資本論』翻訳の過程で〝国家〟の観点に気づき、国家社会主義に進んだ高畠の思想を分析している。

医師もそうだと思う。自分でいろんな勉強を続けていて、自信を持って後進を指導していけるようになるには、25年くらいかかる。弁護士でもそうだ。そうすると中世の大学の基準は、現在から見ても実はそんなに外れていない。だから現在の大学でやっている勉強は、大学の本当に入り口だけだ。

大学を卒業するとすぐに、余暇じゃない世界に入ってしまう。そうすると、全然勉強しないような人が、いくらでも出てくる。昔は勉強がよくできたのに今はどうなっているの？　という例がたくさん出てくる。

労働っていうのは、人間にとって本来喜びである。

もちろん、現在のように徹底的に組織化された労働管理社会では、こうした余暇の本来の意味に目が向けられることはありません。だから、余暇の本質を見抜くためにはある程度の骨折りは覚悟しなくてはなりません。というのも、現代は労働というものを過大に評価する時代だからです。

「ひとはただ生きるために働くのではなく、むしろ働くために生きているのだ」という格言があります。だれでも、すぐさまその通りだ、と納得するのではないでしょうか。実際、この格言はいまの社会通念をよく言いあらわしています。しかし、なかなかわかっていただけないかもしれませんが、この格言では物事の在り方や価値が完全にひっくりかえっているのです。

もう一つ格言があります。「われわれは余暇をめあてに働くのだ」

この言葉に対して現代人はどう反応するでしょうか。だれでもすぐに、この言葉はさかさまの、ひっくりかえった価値秩序をじつに正確に言いあらわしている、と言うことでしょう。労働こそ最高に価値あるものだ、というたてまえの社会に生活し

ている人間にとっては、この言葉は何か不道徳なもの、人間社会の根本原則にそむくもの、とうつらざるをえないのではないでしょうか。（ヨゼフ・ピーパー『余暇と祝祭』〈講談社学術文庫〉P22〜23より）

★

我々は、人はただ生きるために働くのではなく、むしろ働くために生きているんだということになってしまう。マルクスによると、労働は、人間にとって本来喜びである。しかし資本主義社会では、労働者が、自分でつくった生産物が自分のものにならない。労働者が、労働生産物から疎外されている。どういったものをつくるとかそういうことも自分で決められないので、労働過程からも労働者は疎外されている。だから、労働自体が面白くなく、人間が人間として労働で結びついている社会が分断されるとマルクスは考えた。こういうかたちで三重の疎外とか、四重の疎外っていうことを**『経済学・哲学草稿』**の中でマ

『経済学・哲学草稿』

マルクスの疎外論を学ぶ上で重要な著作。第一草稿の四節〝疎外された労働〟に主張がよく表れている。

ルクスはいっている。

ピーパーにいわせると、マルクスのような、そういう考え方自体が、近代的だ。我々は余暇をめあてに働く。仕事の目的は休むことだとピーパーは主張する。

もっともこの発想はマルクスとも親和的だ。マルクスによれば、労働力商品は余暇からしかつくれないから。家庭で休んで、ご飯を食べて、リラックスして、睡眠をとって。それによってしかつくれないことになる。

ニートは、非常に高貴な身分の方、それで瞑想にふけっておられる。

ところで、この言葉は問題をはっきりさせるために私が勝手につくりあげた格言ではありません。まさに**アリストテレス**その人が、かつて実際に言ったことなのです。あのさめた人、徹

アリストテレス
前384-前322
古代ギリシアの哲学者。プラトンの弟子。マケドニア王アレクサンドロス3世の家庭教師だった。

底的に実務家タイプのリアリストといわれているアリストテレスの言葉であるだけに、このことは特別の重みをもっています。

付け加えて言いますと、原語を文字通り訳すると「われわれは暇をもつために暇なしである」となります。「暇なし」とはギリシア語では週日（労働日）の仕事そのものを指す言葉で、たんにそこでの「気ぜわしさ」を意味するだけではありません。

面白いのは、ギリシア語では週日のれっきとした「仕事」を指す言葉がなく、ただ「暇なし」（スコレー〈暇〉と否定を意味するアを結びつけた「アスコリア」）という否定形があるだけだという事実です。ラテン語でもこの点では同じで、業務、仕事を意味するネゴティウム（英語のネゴシエィションはここからきています）は、オティウム（暇）の否定形なのです。

アリストテレスは、右に引用した言葉のほかに『政治学』の中で、「余暇がものごとのかなめであり、すべてはそれを中心に回転している」とものべています。これらの言葉は、まるで当然のことを言っているかのような調子で語られています。どうもそのことから推察すると、「労働のための労働」という現代の格言は、ギリシア人にとってはまったく理解できないしろものではなかろうか、と思われるのです。

逆に、われわれの側からいえば、余暇というものの本来の意味が、もはやわれわれにはまったく理解できないものに変わってしまったのだ、という事情も明らかになったのではないでしょうか。（ヨゼフ・ピーパー『余暇と祝祭』〈講談社学術文庫〉P23〜25より）

★

タイムマシーンがあったとして、古代ギリシア人がタイムマシーンで21世紀の日本にやってきたとする。霞が関（官庁街）で、夜の1時、2時まで、仕事をしている人たちを見たら、これは奴隷と思うはずだ。身分が低いと思う。投資銀行で働いて、それで徹夜続きのディーラーも、ひどい劣悪な状況にいる奴隷だと思うだろう。

古代ギリシア人から見て、現在の日本で一番高貴な身分なのは、おそらく、**ニート**だと思う。家の中にこもっていて、何もしないで、ひたすらゲームだけやっている。ボーッとして座っているとかいうと、これは非常に高貴な方で、それで瞑想にふけっておられる。それでまったく働かないで、自由な環境の中でおられるっていうかたちで、素晴らしい人たちがいると。こういう風に思うわけだ。これぐらい価値は、変動していくわけだ。

古代ギリシアのポリス、都市国家のことだ。ポリスには国家政治という意味もある。自由人によって構成されている。自由人は全員男性だ。自由人は2つの種類に分かれる。貴族と平民。そこで適用される規範は、ノモス、すなわち法だ。

それと別に、同じ人たちでもより広い範囲の人たちを包摂するオイコスっていう概念がある。これは経済、あるいは家計とか家とかいう意味がある。このオイコスは、自由民の男だけで

ニート
15〜34歳の未婚、未就業で、職業訓練、就学、家事・家業手伝いなどもしていない者。2019年3月、内閣府は40〜64歳の中高年ひきこもりが全国で推計61万3000人いると発表。支援が必要なのは、若者だけではないと認識されるようになった。

なく、女も、奴隷も、子どもも、含まれている。ここでの規範原理は、ノモスじゃない。オイコスの規範原理は、ビア。ビアは暴力を意味する。それだから奴隷はぶん殴ってもいいしと、家長である男は、女をぶん殴ってもいいし、それから子どもをぶん殴ってもいいっていうことになる。

経済の中に、暴力性が含まれている古代ギリシアのポリスとオイコスの二分法の中、我々の時代に伝えられているのは、ポリスの世界の話だけで、いわば、上澄みに過ぎない。働いている人（奴隷）、それから女性、子どもが全部排除されているのがポリスだ。だからポリスの外側を想像する力が、歴史を読むときには重要だ。ただしそれは、実証的な方法、科学的な方法だけではできない。なぜなら、実証性を担保できる史料がないから。だから、そこでは文学的な方法、**アナロジー**（類比）であるとか、**メタファー**（隠喩）で物事を読み解くアプローチが重要になる。証明はされなくても、確実に存在したと想定され

アナロジー
複数の事柄間に共通する性質や関係があること。またそういったことを想定して推論すること。

メタファー
ある事柄に類似したり関係したりしている他の事柄を使って表現すること。

るようなことはある。こういうことに対する感覚を身につけることが重要になる。

荷役労働としての山登りは、スポーツと違って、奴隷的労働になる。

今日「奴隷的」という言葉を聞くと、だれでもはっきりとしたイメージを描くことができます。キリスト教国ではいまでも「日曜日には奴隷的労働をしてはならない」という考え方が生きています。しかし、正確にいって「奴隷的労働」が何を意味するかを知るためには、それを「リベラル・アーツ」と対立させてみることが必要なのです。つまり、この場合の「自由《リベラル》」とはどういう意味なのか、はっきりとつかむ必要があるにもかかわらず、まさにその点が現代においては曖昧《あいまい》になっています。しかし「自由学芸《リベラル・アーツ》」についてはあらためてのべることにしましょう。

右にのべたことで、アリストテレスと現代との結びつきが、すこしは明らかになったのではないでしょうか。しかし、歴史的な指摘がどうであれ、だからわれわれはこうしなければならないというものではありません。それはいうまでもないことです。〈ヨゼフ・ピーパー『余暇と祝祭』〈講談社学術文庫〉P26より〉

★

自由の条件は、強制されないということだ。イギリスで、実は17世紀に、日曜日にスポーツをしていいかどうかということが問題になった。最終的にはいいっていうことになる。なぜか？スポーツは強制されてやるものじゃないから。自発的にやるものだから。スポーツは、奴隷労働ではない。スポーツとして山登りをするのと、荷役労働として、重い荷物を山に運ぶことは、形態としては似ているかもしれないけれども、一方は自発的意志で自由にやっていること。そして対価を伴わない。他方は、生活のためにやっていることだから、そこで線引きがされる。

ブラック企業は、苦痛のための苦痛、困難のための困難をやらせる。

「精神的労働」という概念のこの側面、つまり困難なことは、まさしくそれが困難であるがゆえに価値があるのだ、と考える傾向は、「労働者」の顔つきの一つの特徴としてはっきりと表われています。それは無条件に苦痛を甘受することになれた、仮面のような無表情です。

この無条件に苦痛を甘受するということが、決定的であり、特徴的なのです。このように、もはや「何のために」と問いかえすこともしないで苦痛を甘受する、そこまでいけば「訓練」も最高だともいえます。

キリスト教でも犠牲を甘んじて受けいれることは愛の徴しであると説きます。しかし、それとここでいう苦痛の甘受とは根本的にちがいます。キリスト教は苦痛を苦痛であるがゆえに、困難を困難であるがゆえに価値があるとするのではありません。むしろ、それらはより高い平和、救い、最終的な幸福のために甘受するものです。それだからこそ価値ありとされるのです。まことに「幸福こそ訓練のめざすところ、よりどころ」なのです。（ヨゼフ・ピーパー『余暇と祝祭』〈講談社学術文庫〉P48～49より）

★

ここの記述は、ブラック企業と、教育が厳しい企業を区別する際に、役に立つ。ブラック企業では、苦痛のための苦痛、困難のための困難という類の仕事をやらせる。「社訓、これを書き写せ」というのがそれだね。こんなのコピーをとればいいだけの話だ。若いうちは、ブラック企業と教育の厳しいような企業の区別がつかない。

前にも述べたが、教育の厳しい企業とブラック企業を見分ける方法は簡単だ。5年、10年、15年、20年、25年で刻むと、5年の帯ごとに尊敬できる先輩や上司がいるかどうか見る。この25年の帯に1人もいなかったら、ブラック企業の可能性が高い。あるいは、あなたがその企業文化への親和性がまったくないということだ。その場合は、転職を考えた方がいい。もし1人でもその中に、本当に心から尊敬できるような上司なり、あるいは先輩がいるならば、ブラック企業ではない。先輩と上司の違いっていうのは、先輩というのは、職掌上の上司ではない、ラインには入っていないかもしれないけれども、仕事において尊敬できる人という意味だ。教育をきちんとしないと、しっかりした職業人は育たない。

私たちは、神様からいただいた適性や能力を使って、社会に貢献している。

しかし、右にのべたように苦労が過大評価されることのもっとも深い理由は、つぎのようなところにあると考えられます。人間はたやすく手に入るものに対しては不信感をもち、自分が苦しみ、苦労して克ちとったものだけを自分の持物として、良心にやましいところなしに所有したいと望んでいます。つまり、彼は自分に何かが贈物として与えられることを拒否する傾向があるのです。

ここで、キリスト教的な人生観にとって、あの「恩寵《おんちょう》」つまり神の恵み、賜物が存在するということがどれほど大きな意味をもっているか、よく考えてみたいと思います。

まず、神の聖なる霊そのものが特別の意味で「賜物」と呼ばれていることに注目しましょう。また、私たちがよく問題にする正義についてキリスト教の偉大な思想家たちが教えるところによると、神の正義は神の愛を前提するものです。それは神の正義に妥協とか曖昧《あいまい》さをもちこむことではありません。むしろ私たちが自分のものとして要求したり、克ちとったりするさまざまなものに先立って、無償で、無条件に与えられる賜物がある、ということなのです。

つまり、最初にくるのは自分の力で、自分のものとして克ちとったものではなく、授けられたものなのです。こうしたキリスト教の根本性格についてちょっとでも考えたならば、右にのべた「精神的労働」の概念とキリスト教的な西欧の伝統とをへだてる深淵に気づくのではないでしょうか。(ヨゼフ・ピーパー『余暇と祝祭』〈講談社学術文庫〉P49〜50より)

★

以前にも紹介したが、使徒言行録20章に、「受けるよりも与える方が幸いである」というイエスの言葉がある。人間の持っている能力は、神様からもらったものだ。だからそれは神様にお返しする、それが幸いなんだっていう意味だ。

だから我々一人ひとりは、みな適性が異なる。ある人はお金をたくさん得るような仕事をしているし、別の人は、社会で尊敬されるような仕事をしている。目立つ仕事ではないとしても、誰もが、神様からもらったその適性、能力を使って、社会に貢献している。そうして他者に与えること自体幸いなんだっていう考え方だ。これと、精神的労働には特別の価値があって、肉体労働よりもレベルが高いというような発想とは、だいぶ違う。

40代後半以降の、ニート女性たちは、プロレタリアートにも入らない。

私たちは「精神的労働」という概念の起源をたずねて、それが何よりもつぎの二つのテーゼから出てきていることをつきとめました。

その第一は、人間が営む「認識」活動とは、らくらくと手に入る「直観」のようなものではなく、探究や推理を苦労して積みかさねていく、思考努力である、というテーゼです。そして第二は、認識のためにはらわれた苦労こそ真理の基準にほかならぬ、というテーゼでした。

しかし、この二つよりももっと重要で、それら二つを自らのうちに包みこんでいるような、第三の要素についてのべる必要があります。それは、「精神的労働」、そしていうまでもなく「精神的労働者」という概念のうちにひそんでいる、「労働」の社会的性格についての主張なのです。

この観点から見ると、「労働」は社会的な職務をはたすこと、を意味します。したがって精神的な活動は、それによって社会的な職務がはたされ、社会全体の福祉への奉仕がなされるかぎりで、「精神的労働」とみなされるわけです。

しかし、「精神的労働」および「精神的労働者」という概念が意味しているのはそれだけではありません。これらの言葉は、私たちがよくいう「労働者階級」という要素もふくんでいます。つまり、たんに賃銀労働者、筋肉労働者、プロレタリアだけでなく、文化人や学者も「労働者」――まさしく「精神的労働者」であるというのです。

「精神的労働者」も他の労働者と同様、分業化された社会的労働のなかに組みこまれ、職務にしばりつけられています。つまり、彼もまた、すべての人をまきこむ、組織化された労働管理社会のなかの「職能人」Funktionärであるといえます。たとえ彼が何らかの「専門家」であったとしても、「職能人」であることにかわりはありません。

ここまできてはじめて、私たちが提起した問題の核心、その問題点が鋭くうかびあがります。そして、この問題点がたんに

理論的なものではなく、私たち一人一人にとって緊急なものであることはあらためていうまでもありません。

とはいいましても、ここでいう「労働」の「社会的性格」から、社会的階層とかグループの間の関係、つまり「社会学的」な意味だけを読みとっても、それはまだ問題の表面にふれたことにしかなりません。〈ヨゼフ・ピーパー『余暇と祝祭』〈講談社学術文庫〉Ｐ51～52より〉

★

文化人や学者であれ、賃金労働者であれ、社会全体の福祉に奉仕している限りにおいて、これは精神的労働とみなされる。

そこに具体的な目的はない。たとえば受験勉強は、合格することが目的だ。だから奴隷労働になる。ピーパーは、真理を追究するのではない勉強に価値を認めない。目的がないのだから。だから、予備校と、学校は根本的に違うわけ。予備校は、産業。

その目的は儲けだ。学校では、教育が行われている。

ちなみに、**プロレタリアート**とはどういう意味か。子どもをつくることしかできない人たち。それ以外に何も持っていない人たちは、プロレタリアートということになる。ニートの人たちは、プロレタリアートにも入らないわけだ。

プロレタリアートには、少なくとも子どもをつくって、生産階級を再生産するという機能があるわけだ。そういった意味で、プロレタリアートにすらなれない人々が大量に出現している。

構造的にこういったことが生じているという話をしたけれど、珍しいことは、少子高齢化をみんな心配していること。ただ高齢化は続くが、少子化はどっかで歯止めがかかる。ものすごい状況になっている40代、50代を見て、10代、20代は絶対そうはなりたくないから、と思って、早く結婚して子どもをつくるようになるからだ。それから社会保障には頼れないから、子どもをつくって、親の面倒はちゃんと見るように教育して、安全保

プロレタリアート
生産手段は持たず、労働力を資本家に売ることによって生活する階級。

障をかけていくことになる。

女性の活躍の本質は何だと思う？　介護職か、あるいは医療周辺職ならば比較的容易に就職できる。こういった職業は、景気に左右されるか？　されない。男はなんでもいいから女のパートナーを見つけろというわけだ。結婚とか、同棲とかいった形態は問わない。雇用保険はこれからなくなると、そのときに、雨宮さんの著書で書かれているように（本書Ｐ１８８参照）、洗濯物を持っていって、洗濯ができて、炊飯器を持っていって、それで弁当を詰めるようなそういったパートナーを見つけておけばよい。そうすれば、セーフティネットになる。こういう考えが広まる。

こういう方向に社会構造が転換しつつある。

余暇って、1人で静かにしていることじゃない。

第二に、「労働」とは始めから終わりまで苦労と骨折りだ、という立場に対立して、「余暇」は苦労から解放されて祭りを祝う人の態度に象徴されます。

ドイツ語で「仕事の終わり」「休み時間」を意味するFeierabendという言葉がありますが、文字通りにいえば「祭りの前夜」つまり「お祭りの気分」ということです。このように、「休息」と「祭り」を結びつける考え方、それが真の「余暇」についての私の考えの核心となっています。

先にふれたように、余暇というものは、人間がただ本当の自分自身と一体になる——「怠惰」はこのように一体になりえないところから出てくるものでした——だけでなく、世界全体のリズムと調子が合うときにうみだされるものです。余暇を支える「いのち」とは、このような肯定の態度です。

余暇はただ何もしていないこと、じっとしていること、「内面的な静けさ」と同じものではありません。それは、愛する人々がかわす会話の静けさのようなもので、いのちと愛にあふれる静けさなのです。

ヘルダーリンの断章「余暇」のなかにはつぎの一節があります。

「私は平和な野に立つ。そこにある愛情深い楡《にれ》の木、ぶどうの木や房のように、私のまわりにいのちの甘いたわむれがからむ」

ここには世界を根本的に肯定し、世界と一致する態度が認められます。（ヨゼフ・ピーパー『余暇と祝祭』〈講談社学術文庫〉P70〜71より）

★

だから余暇のイメージをどういう風にして考えるかっていうと、恋人同士が、休みの日に、デートして、楽しんでいるときも、

ヘルダーリン

1770-1843

ドイツの詩人。思想家。テュービンゲン大学で神学生としてヘーゲルやシェリングとともに哲学を学ぶが、神職にはつかず家庭教師をしながら詩作を行った。

そうだし、あるいは学生時代の気の合う友だちと会って、わいわいと騒いでいるとき、こういうのが余暇である。あるいは長年連れ添った夫婦が、一緒にちょっと旅行に行ったりとか、あるいは何気ない会話をしてるっていう、こういうようなところの、そのリラックスしているときが、余暇のイメージになる。

余暇とは、1人で静かにしていることではない。何もやることがないということでもない。余暇の場にもちろん人はいるんだけれども、究極的には、そこに神がいるんだという考え方をピーパーは示している。

全体を見渡して「うん、これでよし」と思ったときのまなざしが、余暇。

また聖書に「神はおつくりになった業からしりぞいて休み、すべてが大変よいことを御覧になった」（『創世記』第一章三十

一節）と記されていますが、私たちの余暇のなかにも、このような神のまなざし、「コンテンプラチオ」に似たものがふくまれています。というより、この創造の世界を心の目でながめ、それらすべてはよいものだ、と肯定する態度、つまり「コンテンプラチオ」が余暇の本質だといえましょう。（ヨゼフ・ピーパー『余暇と祝祭』〈講談社学術文庫〉P71より）

★

ここでは、余暇の本質を見事に表現していると思う。要するに、見ることであり、見られることだ。

よい小説は、それを読んでいると、テキストが私たちを見ているという意識をもたらす。もちろん、私たちもそのテキストの中の人々を見ている。

パートナーと一緒にいるとき、友人と一緒にいるときも、相手に対する、まなざしが重要だ。まなざしといってもいいし、配慮といってもいいし、思いやりといってもいいし、そういっ

コンテンプラチオ
自分が持っている最高の能力を対象に向かって発揮している状態。深く考えること。観想。

たものが常にある、こういう相互的な関係があるということだ。それ、起源は何かというと、神様が自分で世界をつくったあと、それを見てよしといった、そのときの神様が、自分がつくった世界を見ているこのまなざしだ。これが余暇の思想だ。

一生懸命、料理をつくったと、これでよしと。あるいは、何かものをつくると、それから、絵を描き終えると、それで全体を見て、うん、これでよしと。我々作家だったら原稿を書き終える、それで全体を見渡して、うん、これでよしと思ったときのまなざし。このまなざしが、余暇だっていうわけだ。

だから、えー終わった終わった、やっと終わったよ、まったく頭にくるよな、ちくしょー、編集者が書き直せとかいってもよぉーと、こんなトランプが手紙1つ出したくらいで、変わるはずないじゃないか、**米朝首脳会談**を6月12日にシンガポールでやるに決まっているじゃないかって。あいつ何をわめきちらしてて、変えろっていうんだよと。しかし、佐藤さん変えてく

米朝首脳会談
2018年6月12日、シンガポールで開催されたアメリカ合衆国のドナルド・トランプ大統領と朝鮮民主主義人民共和国の金正恩国務委員長の史上初の会談。

ださいよ、そうじゃないと困るとかいう。トランプが首脳会談をやめるのではないですか……あるっていってるだろ。もうだけどさぁ、うるせぇから書き直してさぁ、うっ、くそ忙しいときに、京都の同志社大学神学部での授業の準備もあるのに、それで終わってまた3日たったら、佐藤さん、すみません、また元のに戻してください、やっぱりやりそうですね。やっぱり佐藤さんのいっていた通りですね。最初からいってんじゃねぇかぁ。そうしたらやっぱりあったまにくるからさぁ、皮肉の1つくらいいってやりたくなるんだよな。

こういう風にしてるから日本は負けたんだぜ。**ミッドウェー海戦**覚えているか？　戦史を勉強しろよ。最初はな、搭載機を索敵に出して航空母艦にいないということになったんだと、それだから陸上攻撃をするから、全機陸上爆弾に付け替えろということになった。そしたら利根の索敵機がな、「敵空母見ゆ」っていう電報を打ってきたんで、あわてて付け替えた爆弾を付け

ミッドウェー海戦
1942年6月、ミッドウェー島付近で起こった。日本海軍は空母4隻、航空機300機などを失う大きな損害を受けた。太平洋戦争のターニングポイントともいえる戦い。

替えて、それで、魚雷に全部きり替えたところで、赤城の1番機が出たところで、米軍機に襲われて、赤城と加賀と蒼竜が沈んだんだと。で、飛龍だけは、爆弾を替えなかったから、陸上爆弾から飛ばしたから、生き残ることができたんだといったら、「細かい変なことよく知っているんですね」って。まったくこの編集者は、ミッドウェー海戦のとき、どうして負けたかよくわかっていないよなぁ。専門家のいうこと信頼しろって。

2018年6月12日のシンガポール米朝首脳会談前の出稿について私の気持ちを素直に書いてみたけれど、そういうときは、余暇を全然感じない。あー疲れたとか。終わった終わった、早く終わってよかったという感じだ。こういうときは余暇を感じない。だから同じ原稿を終えても、それが奴隷労働であるか、自由な創作であるかというのは、それはそのできたテキストの内容ではなくて、全体の文脈によるわけだ。

この点、カトリックは、すごい。このへんの感覚やまなざしをピーパーは、こういったかたちで、うまく表現できる。

たとえば、お菓子づくりでも、大使館でやるパーティのため、エーイッってていい加減につくってやれって、やっつけでやって、美味しくできたりする。丁寧につくっても、美味しくできなかったりする。ポイントは仕事の完成度とは関係ない。結局、ポイントはまなざしだ。目には見えないけれど、確実に存在する「何か」をつかむこと。だから形而上学が不可欠になる。形而上学がわからないと余暇はわからない。余暇という概念をきちんとわかっていれば、自分が今している労働が、奴隷的労働なのか、自由な労働なのかわかる。奴隷的労働だったら、その事実を自覚しておくことが重要だ。奴隷的労働であるにもかかわらず、自由な労働であるとか自己実現とか勘違いしないことだ。

あー、私は奴隷的労働をやらされてるなぁと思ったとき、余暇の思想を持っている人は「休まず、遅れず、働き過ぎず」という選択をする。そうじゃないと擦り切れてしまう。

介護にも応用できる。1000万円以上の収入がある人でも、親への愛情っていうのはあるから、自分は独り身だし、お父さんお母さんに育ててもらったんだから介護をしようと思って、介護離職を軽軽にしてはいけないんだ、余暇の思想があれば。その後どういうことが起きるか、シミュレーションができる。1000万円持っているんだったら、そのお金のいくらを切り崩せれば、介護施設に入れることができるのか。あるいは、ケア付き住宅に入れることができるのか、と。こういうようなことを冷静に考えることができるようになるためには、やっぱり余暇が必要になる。余暇は、冷静に考えるために必要な場所だ。もう少し先を読んでみよう。

我々には、祭りをつくる能力がある。

しかし、もっとはっきりいえば、このような世界との一致、世界を肯定する最高のかたちは祝祭です。

宗教史家カール・ケレニーによると、祝祭の本質的な特徴は「憩いと、強烈な生命と、コンテンプラチオが一体になっていること」にあるといわれます。つまり、「祭りを祝う」ということは、世界の根源にあるものを肯定し、それと一致すること、いやむしろ、自分がそのなかにつつみこまれることを意味します。

このような態度は労働している間でも保つことができないわけではありません。しかし、それをふつうの仕事日とはちがったやり方で生きぬき、やりぬくことこそが「祭りを祝う」こと

カール・ケレニー
1897-1973
ギリシア神話や古代宗教を研究した学者。

にほかならないのです。

祝祭は「余暇」に内側から生命を与える根源です。「余暇」は苦労をともなわないだけでなく、むしろ苦労と対立的でさえあるのは、まさに「余暇」が祝祭としての性格をそなえているからです。（ヨゼフ・ピーパー『余暇と祝祭』〔講談社学術文庫〕P71〜72より）

★

余暇っていうのは理屈の世界ではなくて、わっとみんなで楽しく、祭りをするという感じだ。それによって内発性が出てくる。

長年連れ添った夫婦の間でも、ちょっと今日は贅沢をして、レストランに行ってみようかと。それから、映画を観にいっても、公園で水道の水を飲むんじゃなくて、ホテルの喫茶店に入って、2人で2400円使って、ちょっと贅沢だけど、それでリラックスした1時間を過ごしてみるかという、ちょっとしたお祭りなんだ。そのお祭りをつくれる力を我々がつけなくてはならないということだと思う。

娘が、留学しているか、どっかに下宿しているとする。そうすると、その娘が帰ってくると、そのときには、娘を囲んで、ひと晩でいいから、食事の会を開く。そこのところではとくにとりとめのない話をして、あー今日、楽しかったっていう感じになると。そうすればそれが余暇だし、祭りなんだ。

我々には祭りをつくる能力がある。その祭りをつくる能力があれば、そこのところで我々は余暇を楽しく過ごすことができる。日々の仕事に潜んでいる問題をあらい出すことができる。仕事の論理だけで抱えている問題の解決をはかろうとすると、自家中毒症みたいになってしまう危険がある。

本書で、雨宮処凛さんの『非正規・単身・アラフォー女性「失われた世代」の絶望と希望』をなんですすめたかっていうと、行間にユーモアがあるからだ。たとえば、強姦魔に襲われたときに、何歳かっていったら、35歳だと。若く見えましたかって聞いたら、向こうが逃げていったって。それ、ちょっと自虐ネタみたいだけれど、その話を入れるっていうこと、それっていうのはたぶん、雨宮さんとこの取材対象が会っているとき、簡単なお祭りをやっているからだ。それによって、余暇を得ている。だから、自分の仕事を見直す、生き方を見直すっていうエネルギーを読者は、雨宮さんを通じて得られるわけだ。それが感じられるから、これは、いい作品になった。

作家が潜入して、うんと苦しそうな様子を書いているノンフィクションは、お祭りの要素がない。ただひたすら悲惨な出来事を形容詞を過剰に用いて、語るっていうことになるわけだから。雨宮さんの本はそれとは違う。だから、『非正規・単身・アラフォー女性』と『余暇と祝祭』は、根源的なところで、つながっているんです。

※『余暇と祝祭』（講談社学術文庫）は、2019年7月現在絶版になっています。

人類が存続する限り、人間と自然の代謝は続く。

私が働き方について論じるときに、常に念頭に置いているのは、2つの論理だ。

第1は、マルクスが『資本論』で説いた経済の論理だ。経済学を、金儲けのための学問と考えている人が多い。確かに主流派経済学者（一昔前までは近代経済学者と呼ばれていた）で、そういう発想をする人が少なからずいる。これに対して、マルクス経済学の視座はまったく異なる。資本主義の内在的論理を認識することが経済学の目的だ。本書でも何度か言及したが、資本主義の本質は労働力の商品化によって成り立つ。このような資本主義社会において、搾取は合法になるのである。資本主義社会で、労働者がいくら努力して、朝から晩まで働いても大金持ちにはなれない。労働力商品の価値（賃金）は、労働力を再生産させるのに必要な商品やサービスを購入する価格で天井が定められているからだ。資本主義社会で金持ちになるための唯一の手段は他人労働を搾取する資本家になることだ。搾取をしない資本家は、一種類しかいない。それは、倒産した会社の資本家だ。この資本家は、労働者に対して賃金を支払うことができないので、最悪の資本家ということになる。資本主義の構造について、もう少し深く知りたい人は拙著『いま生きる「資本論」』と『いま生きる階級論』（共に新潮文庫）に目を通してほしい。

ＡＩ（人工知能）技術の発達によって、労働がなくなる時代が来るという言説が誤りであることも『資本論』の論理を知ればすぐにわかる。ＡＩは機械に過ぎない。機械がどれだけ発達しても、人間と自然の間の代謝は続く。この代謝をマルクスは労働と呼んでいるのだ。人類が存続する限り、人間と自然の代謝は続く。従って、労働も永遠に続くのだ。ただし、産業構造の転換に伴い、労働の内容は大きく変化するであろう。現在、大学卒の事務職が行っている仕事のかなりの部分が、今後、10年以内にＡＩによって代行されることはまず間違いない。この産業構造の転換に備えて、文科系、理科系の双方にわたる基礎教養を身につけることが死活的に重要になる。同時に、未来を過度に不安に思う必要もない。人間は、自分が生活できる以上の価値を労働によって作り出すことができる。この労働価値説の原則を理解していれば、人類の将来を過度に悲観する必要はない。いまここで必要とされるのは、現実主義的アプローチだ。

第2に私が念頭に置いているのは、『聖書』の論理だ。本書でもカトリック神学者ヨゼフ・ピーパーの言説を紹介し、休むことの重要性を説いた。『聖書』は古代の世界像の下で書かれている。例えば、労働と賃金の関係について、イエスはこんなたとえ話をしている。

「天の国は次のようにたとえられる。ある家の主人が、ぶどう園で働く労働者を雇うために、夜明けに出かけて行った。主人は、一日につき一デナリオンの約束で、労働者をぶどう園に送った。また、九時ごろ行ってみると、何もしないで広場に立っている人々がいたので、『あなたたちもぶどう園に行きなさい。ふさわしい賃金を払ってやろう』と言った。それで、その人たちは出かけて行った。主人は、十二時ごろと三時ごろにまた出て行き、同じようにした。五時ごろにも行ってみると、ほかの人々が立っていたので、『なぜ、何もしないで一日中ここに立っているのか』と尋ねると、彼らは、『だれも雇ってくれないのです』と言った。主人は彼らに、『あなたたちもぶどう園に行きなさい』と言った。夕方になって、ぶどう園の主人は監督に、『労働者たちを呼んで、最後に来た者から始めて、最初に来た者まで順に賃金を払ってやりなさい』と言った。そこで、五時ごろに雇われた人たちが来て、一デナリオンずつ受け取った。最初に雇われた人たちが来て、もっと多くもらえるだろうと思っていた。しかし、彼らも一デナリオンずつであった。それで、受け取ると、主人に不平を言った。『最後に来たこの連中は、一時間しか働きませんでした。まる一日、暑い中を辛抱して働いたわたしたちと、この連中とを同じ扱いにするとは。』主人はその一人に答えた。『友よ、あなたに不当なことはしていない。あなたはわたしと一デナリオンの約束をしたではないか。自分の分を受け取って帰りなさい。わたしはこの最後の者にも、あなたと同じように支払ってやりたいのだ。自分のものを自分のしたいようにしては、いけないか。それとも、わたしの気前のよさをねたむのか。』このように、後にいる者が先になり、先にいる者が後になる。」

神の基準は、人間の経済合理的な発想とは異なる。我々一人ひとりは、十分な生活ができるように神から力を授けられている。「最後に来たこの連中は、一時間しか働きませんでした。まる一日、暑い中を辛抱して働いたわたしたちと、この連中とを同じ扱いにするとは」という不満を持ちがちだが、人間は互いに助け合って生きている。あるときは、自分が先になることもあれば、別のときは後になる。この現実を忘れずに、隣人のために尽くす生き方をすることをイエス・キリストは勧めている。こういうアプローチをした方が、人生が楽になる。

本書が陽の目を見るにあたっては、朝日カルチャーセンターでの連続講座の企画と記録、編集において自由国民社の原麻子さんにたいへんにお世話になりました。どうもありがとうございます。

連続講座においては以下の文献を参照しました。橋本健二『新・日本の階級社会』（講談社現代新書）、雨宮処凛『非正規・単身・アラフォー女性　「失われた世代」の絶望と希望』（光文社新書）、ヨゼフ・ピーパー（稲垣良典訳）『余暇と祝祭』（講談社学術文庫）。本書にこれらの書籍からの引用を許可してくださった著者、訳者、版元に深く感謝します。

2019年7月10日、曙橋（東京都新宿区）の自宅にて、

佐藤優

佐藤優直伝！

最強の働き方

・令和時代の生存戦略

佐藤優直伝！　最強の働き方
2019年（令和元年）8月8日　初版第1刷発行

著　者　佐藤 優

発行者　伊藤滋
発行所　株式会社自由国民社
〒171-0033　東京都豊島区高田3-10-11
http://www.jiyu.co.jp/
振　替　00100-6-189009
電　話　03-6233-0781（代表）
印刷所　大日本印刷株式会社
製本所　新風製本株式会社

ブックデザイン　長信一（PEACS）
本文DTP　有限会社中央制作社
協　力　朝日カルチャーセンター新宿教室